Meinolf Lohrum OP
Maria Magdalena Dörtelmann OP

Katharina von Siena

Den Dominikanerinnen und dominikanischen Laien

Meinolf Lohrum OP
Maria Magdalena Dörtelmann OP

Katharina von Siena

Lehrerin der Kirche

benno
VERLAG

Die Deutsche Bibliothek – CIP-Einheitsaufnahme

Lohrum, Meinolf:
Katharina von Siena : Lehrerin der Kirche /
Meinolf Lohrum ; Maria Magdalena Dörtelmann. –
2. Aufl. – Leipzig : Benno, 1997
ISBN 3-7462-1152-2

ISBN 3-7462-1152-2

2. Auflage 1997
Satz: Kontext – Satz & Layout, Lemsel
Druck: Tiskárny Vimperk

Vorwort

Als Papst Paul VI. 1970 erstmalig zwei Frauen, Teresa von Ávila und Katharina von Siena, den Titel »Kirchenlehrer« verlieh, löste das Erstaunen aus. Daß eine ungebildete Frau wie Katharina ihren gelehrten Ordensbrüdern Albertus Magnus und Thomas von Aquin gleichgestellt wurde, verwunderte noch mehr. Aber wird dadurch nicht deutlich, daß der »Geist der Wahrheit« es ist, der die Kirche lehrt, und daß dieser sich nicht an Amt oder Geschlecht binden läßt? Der heilige Thomas wird oft mit einer Taube auf der Schulter dargestellt, die ihren Schnabel auf das Ohr des Heiligen richtet. Damit soll gesagt werden, daß der Heilige Geist, versinnbildlicht durch die Taube, ihm das, was er lehrte, eingegeben hatte. Der eigentliche Kirchenlehrer ist der Heilige Geist. Er hat auch durch die einfache junge Frau aus Siena zur Kirche gesprochen, und Päpste, Kardinäle, Königinnen, Könige und Fürsten, Priester, Ordensleute und Laien hörten auf sie.

Der Mensch, der offen ist für Gottes Geist, kann Gott erfahren und aus dieser Erfahrung heraus seinem persönlichen Leben und der Welt um ihn herum christliche Gestalt geben. Als Karl Rahner 1966 das Wort prägte »Der Fromme von morgen wird ein Mystiker sein, einer der Gott erfahren hat, oder er wird nicht mehr sein«, wies er schon darauf hin, daß unsere Zeit Menschen braucht, die in ihrer tiefsten Existenz von Gott angerührt sind.

Katharina war eine Mystikerin. Ihr Leben war voll von außergewöhnlichen Phänomenen und ihr Weg sicher einmalig und unnachahmlich. Dennoch nahmen viele Menschen sich Katharina schon zu ihren Lebzeiten als Vorbild und fanden bei ihr Ermutigung für ihren eigenen Weg.

Katharina hat ihre Gottverbundenheit mitten im Getriebe des mittelalterlichen, städtischen Alltags gelebt, den persönlichen Anliegen und Bedürfnissen der Nachbarn ebenso zugewandt wie den großen politischen und kirchlichen Auseinandersetzungen der Zeit. Unzähligen Menschen schenkte sie Zeit, Aufmerksamkeit und Lebensmut, und für die Kirche gab sie ihr Leben hin.

Mit dieser Biographie möchten wir Katharinas Leben und ihre geistliche Erfahrung nahebringen. Bei der intensiven Beschäftigung mit ihr ist uns klar geworden, daß dies hier nur begrenzt möglich ist. Denn allein die eigenen Schriften der Heiligen stellen eine solche Fülle tiefster Erkenntnisse dar, daß wir nur einen ersten Eindruck geben können und Interesse zum eigenen Studium wecken wollen. Hinzu kommen noch die anderen wichtigen Quellen: die »Legenda maior« des Raimund von Capua, die »Legenda minor« und das »Supplementum« von Tommaso da Siena und die Akten des Prozesses von Castello, so genannt nach dem alten Bischofssitz auf der Insel Rialto (1451 dem Bistum Venedig eingegliedert), wo der Prozeß stattfand.

Diese Lebensbeschreibung ist eine geschwisterliche Arbeit, an der Mitglieder aller Zweige unseres Ordens beteiligt waren. Wir danken besonders Frau Hildegard Deisting aus der Dominikanischen Laiengemeinschaft und P. Alfred Woltmann OP für die Erstellung des Manuskriptes und allen, die ihre Fotos zur Verfügung gestellt haben.

Danken möchten wir auch dem Konvent St. Andreas in Köln, insbesondere P. Adolf Weber OP, für die wohlwollende Unterstützung.

Sr. Maria Magdalena Dörtelmann OP P. Meinolf Lohrum OP

Das Mädchen aus der Fontebranda

Der Name unserer Heiligen – italienisch Caterina da Siena – weist hin auf die Stadt, in der sie geboren wurde und die längste Zeit ihres Lebens wohnte. Siena im toscanischen Hügelland gehört zu den bezaubernden Städten Italiens, die ihren mittelalterlichen Charakter noch weitgehend bewahren konnten. Siena war eine römische Kolonie, woran noch die Wölfin mit den Zwillingen erinnert, die in der Stadt mehrfach dargestellt begegnet. Seit Ende des 12. Jh. eine Stadtrepublik, gelangte Siena zu wirtschaftlicher und politischer Macht und wurde zur Rivalin von Florenz, der anderen blühenden Stadt der Toscana. Zu den Ghibbelinen gehörig, die Anhänger der Staufenkaiser waren, konnte sie 1260 die Florentiner besiegen, die auf seiten der päpstlich gesinnten Guelfen standen und gegen den Kaiser kämpften. Mit dem Tod König Manfreds 1266 verlor die ghibbelinische Partei an Macht. Die reichen Kaufleute gingen zu den Guelfen über und übernahmen 1287 für lange Zeit die Regierung des Stadtstaates und der dazugehörigen Gebiete. Die Kämpfe zwischen den Parteien setzten sich in der Stadt fort bis in die Zeit Katharinas. Siena erfuhr aber auch bis zur Pest 1348 eine Zeit des Wohlstandes, so daß die bis heute weitgehend erhaltengebliebene gotische Baugestalt geschaffen werden konnte.

Die Stadt wurde auf drei Hügeln erbaut, die steil abfallen in tiefe Einschnitte. Wenn man von Florenz mit dem Bus vor der Kirche von San Domenico ankommt, blickt man über das Tal hinüber zum schwarz-weißen Dom, der das Stadtbild beherrscht. In diesem Tal, unterhalb von San Domenico, allerdings von dort nicht zu sehen, sprudelt die Branda-Quelle (Fonte Branda), die dem Viertel den Namen gab: Fontebranda. Die Branda-Quelle war schon im 11. Jh. bekannt; der festungsartige Bau des Brunnenhauses stammt aus dem Jahre 1246. In den Gassen oberhalb der Quelle lebten und arbeiteten die Färber.

In der heutigen Via Santa Caterina (früher Via dei Tintori), die zur Contrada dell'Oca (Gans – Contrade, eine der 17 Nachbarschaften Sienas) gehört, steht das Haus der Familie Benincasa, in dem Katharina 1347 geboren wurde. Ihr Vater Jacopo (oder Giacomo) Benincasa, ein angesehener Färbermeister, war ein stiller und geduldiger Mann. Seine Kinder erzog er zu Gradlinigkeit und Gottesfurcht. Gegenüber seiner Tochter Katharina verhielt er sich sehr feinfühlig und verstand sie am besten von allen Familienmitgliedern. Als er 1368 starb, wurde er in der Krypta der Dominikanerkirche beigesetzt. Ihre Mutter Lapa, Tochter des Nuccio di Piagenti, war eine sehr lebhafte und robuste Frau. Sie gebar 25 Kinder und überlebte zwei Pestepidemien. In hohem Alter von etwa 89 Jahren starb sie Jahre nach ihrer Tochter Katharina. Lapa war eine gute Frau, wenn sie auch bei zeitgenössischen Chronisten schlechter wegkommt als ihr Gatte. Von heftigem Temperament, sorgte sie sich um ihre Kinder und versuchte, die große Schar schreiend und schimpfend zu bändigen. An Katharina hing sie besonders und konnte sich nur schwer mit ihrem Weg abfinden. Ein Brief Katharinas, um das Jahr 1370 geschrieben, läßt einige Charakterzüge Lapas erkennen:

»Liebste Mutter in Jesus Christus! Ich, Caterina, Dienerin und Magd der Diener Jesu Christi, schreibe Euch in seinem kostbaren Blut, mit dem Wunsche, Euch als wahre Dienerin des gekreuzigten Christus in echter Geduld gegründet zu sehen; denn ohne Geduld vermögen wir Gott nicht zu gefallen. In der Geduld erzeigen wir unser Verlangen nach Gottes Ehre und nach dem Heil der Seelen. Und die Geduld erweist zudem, daß die Seele dem liebevollen Willen Gottes gleichgestaltet und mit ihm bekleidet ist. Deshalb freut sie sich über alles und ist sie zufrieden mit dem, was ihr geschieht. Ein mit solch lieblichem Kleide umkleideter Mensch ist immer im Frieden und zufrieden, daß er Mühsal um der Ehre Gottes und um des Lobes seines Namens willen ertragen darf; und er gibt sich, seine Kinder und seine ganze Habe, ja selbst das Leben zur Ehre Gottes hin. Nun, ich will, daß auch Ihr so tuet, teuerste Mutter! Daß Ihr nämlich Euren ganzen Willen und mich, Eure unwürdige armselige Tochter, dem Dienste und der Ehre Gottes und zum Heil der Seelen überantwortet, in aufrichtiger und vollkommener Geduld, Euch zusammen mit dem sanften, liebe-ergriffenen und demütigen Lamm, von der Frucht des heiligsten Kreuzes nährend. Auf diese Weise wird Euch nichts mehr schwerfallen. Ziehet aus die empfindliche Selbstliebe, denn es ist Zeit, die Ehre Gott und Eure Mühe dem Nächsten hinzugeben. Der Eigenliebe entkleidet, werdet Ihr in Freuden und mit Beschwernis voranschreiten. Mehr sage ich nicht. Verbleibet in der heiligen und wonnevollen Liebe zu Gott. Liebster Jesus, Jesus die Liebe« (zitiert nach Gnädinger 39f).

1347 brachte Lapa Zwillinge zur Welt, das 23. und 24. Kind. Das eine Mädchen, mit Namen Giovanna, starb sofort, das andere, das am Leben blieb, war Katharina. »Lapa hat mir selber oft erzählt, daß sie es darum von allen Kindern am zärtlichsten geliebt habe, weil sie keinem ihrer anderen Kinder ihre eigene Milch habe schenken können, da sie eines nach dem anderen in rascher

Folge geboren habe. Nur Katharina habe sie bis zur Entwöhnung an ihrer eigenen Brust gestillt, und erst nachher sei sie dann von neuem schwanger geworden« (Raimund 39). Das 25. Kind war wieder ein Mädchen und erhielt den Namen Giovanna. Katharinas Geburtsjahr 1347 gilt als historisch gesichert, während der traditionell angegebene Tag, der 25. März, das Fest der Verkündigung, sehr fraglich erscheint. Katharina wurde in eine große Familie hineingeboren; einige ihrer Geschwister waren schon gestorben. Aber auch verheiratete Brüder mit ihren Familien und Angestellte der Färberei wohnten alle unter einem Dach.

Katharinas Kindheit wurde von großem Leid überschattet. Als sie ein Jahr alt war, wütete die Pest, die ca. 25 Millionen Menschen in Europa hinraffte. In Siena starben zwei Drittel der Bewohner. Es scheint, daß der »Schwarze Tod« an ihrem Elternhaus vorbeigegangen war. Aber der zehnjährige Tommaso della Fonte, der durch die Pest seine Eltern verloren hatte, wurde von der Familie Benincasa aufgenommen. Sein Bruder Palmiero di Nese della Fonte war mit

Siena – S. Domenico und Dom

Katharinas Schwester Niccoluccia verheiratet. Tommaso trat 1357 in den Dominikanerorden ein und wurde Katharinas erster Beichtvater.

Vieles, was die Legenden über Katharinas Kindheit erzählen, ist aus späterer Erfahrung mit dieser außergewöhnlichen Persönlichkeit in die ersten Jahre ihres Lebens hineingelegt worden. Andere Berichte geben durchaus mögliche Verhaltensweisen eines aufgeweckten, intelligenten und religiösen Kindes wieder. So stieg sie die Treppen des Hauses auf und nieder, indem sie sich auf jeder Stufe niederkniete und das Ave Maria betete. Das ist nichts Außergewöhnliches, denn in Rom steigt man so die hl. Stiege hoch. Nachbarn und Verwandte gaben ihr den Kosenamen Eufrosyna, weil Katharina wohl von dieser Heiligen sprach, die sie aus Predigten oder Legenden-Erzählungen kannte. Die hl. Eufrosyna lebte in Alexandrien. Weil sie nicht dem Willen ihrer Eltern entsprechend einen reichen jungen Mann heiraten, sondern Jungfrau bleiben wollte, trat sie als Mönch verkleidet in ein Männerkloster ein und lebte dort 30 Jahre unerkannt. Diese, wie auch andere Geschichten, müssen Katharina sehr beeindruckt haben, wie sich später zeigen sollte. Neben der Heiligen Schrift wurden in den Familien Legenden von Märtyrern, Einsiedlern der Wüste und anderen Heiligen vorgelesen oder erzählt. Besonders verbreitet waren damals die »Legenda aurea« des seligen Jacobus de Voragine OP und das »Leben der Väter«, das Domenico Cavalca OP ins Italienische übersetzt hatte. Letzteres Werk enthielt die Legende der hl. Eufrosyna. Dann stand ganz in der Nähe ihres Elternhauses eine Kirche, die dem hl. Einsiedler Antonius geweiht war. – Sie wurde nach 1939 abgerissen, um für den Portikus der Gemeinden Italiens Platz zu schaffen. Die Straße Costa S. Antonio erinnert noch an diese Kirche.

Schon früh kam Katharina mit den Dominikanern in Berührung und hörte vom hl. Dominikus, der 1221 einen Konvent in Siena gründen ließ. Von 1226 bis 1254 erbauten die Predigerbrüder auf dem Hügel oberhalb der Fontebranda, der Camporegio heißt, Kirche und Kloster San Domenico. Da zu den Predigten des seligen Ambrosius Sansedoni, Schüler des Albertus Magnus in Köln, so zahlreich die Menschen herbeiströmten, daß die Kirche nicht alle fassen konnte, beschloß man einen Erweiterungsbau. Es wurde nach der Fontebranda hin ein Querschiff gebaut, für das man an dem steilen Abhang tiefreichende Fundamente anlegen mußte. So entstand eine der größten Krypten der Welt, die zur Zeit der hl. Katharina schon fertig war, während an den Kapellen des Querschiffes noch gebaut wurde. Von Kindheit an besuchte Katharina die Dominikanerkirche, die über ihrem Elternhaus in den Himmel emporragt und die in ihrem geistlichen Leben von großer Bedeutung war.

Berufung und Entscheidung für Gott

Sternstunden, also für den weiteren Weg mit Gott entscheidende Begegnungen, Impulse oder innere Erfahrungen, ereignen sich nicht nur in »heiligen Räumen«, in Kirchen etwa oder im Gebet oder im geistlichen Gespräch. Gott kann den Menschen überall »erwischen« und ihn so berühren und wandeln, daß er danach nicht mehr der alte Mensch ist.

Katharina erfuhr ihre Berufung in einer Vision, als sie etwa sieben Jahre alt war, »mitten auf der Gasse ..., wo Menschen und Tiere sich drängen« (Raimund 42). Sie war mit ihrem älteren Bruder Stefano auf dem Rückweg von einem Besuch bei ihrer verheirateten Schwester Bonaventura. Auf der Valle Piatta (heute: Via del Costone, in der ein Bild daran erinnert) schaute sie zur gegenüberliegenden Kirche der Dominikaner und sah über dem Dach der Kirche »ein herrliches Zelt schweben. Das Zelt war mit königlicher Pracht ausgeschlagen. In seinem Inneren hatte sich der Erlöser der Welt, der Herr Jesus Christus, auf kaiserlichem Thron niedergelassen, angetan mit den priesterlichen Gewändern und mit der Tiara, der König- und Papstkrone, gekrönt. Bei ihm waren die Apostelfürsten, Petrus und Paulus, und der allerseligste Evangelist Johannes« (Raimund 41). Katharina blieb fasziniert stehen und staunte. Christus schaute sie an, lächelte ihr liebevoll zu und segnete sie.

Katharina war in Ekstase. Die Entrückung wurde nicht durch bestimmte religiöse Übungen oder Methoden hervorgerufen, sondern Gottes Berührung nahm ihre Sinne und ihr Bewußtsein ganz gefangen. Christus kam ganz persönlich und unmittelbar auf sie zu, blickte sie an und erfüllte ihr Herz mit seiner Liebe. »Sie vergaß nicht nur den Weg, sondern sich selbst«, berichtet Raimund von Capua (41). Sie verlor das Bewußtsein von dem Ort, an dem sie wie angewurzelt stand. Vor lauter Liebe, die Christus in ihr auslöste, als er sie zärtlich anschaute, wurde sie über sich selbst hinausgetragen »und ganz in den umgewandelt, den sie voll Liebe anblickte« (Raimund 42).

Erst als ihr Bruder Stefano, der gar nicht verstand, warum seine kleine Schwester wie gelähmt war und in den Himmel starrte, sie wohl energisch anrief und wegzerren wollte, kam sie wieder zu sich. »Katharina erwachte wie aus einem schweren Schlaf«, schreibt Raimund und zeigt die Wandlung, die diese Vision bewirkt, an ihrem Verhalten: »Dieses Kind betrat ganz neuartige Pfade … Es suchte verschwiegene Plätzchen, um zu beten und nachzudenken« (Raimund 42).

Dem Mädchen war nun die Gewißheit eingeprägt, daß Gott liebevoll und zärtlich auf sie und alle Menschen schaut. In der Vision erschien Christus ihr in Priestergewändern und mit der Papstkrone angetan; Petrus, Paulus und Johannes umgaben ihn. In diesem Bild erkannte Katharina die Einheit von Christus und Kirche. Darum hieß für sie Christus lieben immer auch die Kirche zu lieben als seinen mystischen Leib. So wurden in ihrer Berufungsvision schon keimhaft die großen Themen ihrer Sendung angelegt: Der von Gott über alles geliebte Mensch und die immer wieder notwendige Erneuerung der Kirche als Mittlerin dieser Liebe.

Tief von Gottes Liebe getroffen, hatte Katharina jetzt nur noch den Wunsch, sich ihrerseits ganz zu verschenken, und versprach sich Jesus in einem heimlichen Gelübde der Jungfräulichkeit. Hier taucht nun die Frage auf, ob es denn wirklich möglich ist, daß ein Kind von sieben Jahren Visionen empfangen kann und ob es ernsthaft in der Lage ist, sich mit einem Gelübde dem jungfräulichen Leben zu verpflichten. Katharina ist unter den Heiligen nicht die einzige, bei der sich eine besondere Begnadung schon in der frühen Jugend zeigt. So hat sich die heilige Rosa von Lima (1586-1617), auch eine Dominikaner-Terziarin, nach Aussagen ihrer Beichtväter schon im Alter von fünf Jahren Gott geweiht. Diese Aussagen sind in den Akten des Heiligsprechungsprozesses dokumentiert. Sehr bekannt ist auch das Beispiel der Therese von Lisieux, die sich schon als etwa Zehnjährige so stark zum strengen kontemplativen Leben im Karmel hingezogen fühlte, daß sie entgegen aller kirchlichen Regel dann bereits mit 15 Jahren in diesen Orden eintreten durfte. Die Marienerscheinungen, die sich 1917 in Fatima, Portugal, ereigneten, wurden von drei Kindern, sieben, neun und zehn Jahre alt, gesehen.

Liebe will sich ausdrücken, und so suchte Katharina nun nach Formen, um ihre Entscheidung für Gott im Leben umzusetzen. In kindlicher Begeisterung wollte sie jetzt »das Leben der ägyptischen Wüstenväter in seiner ganzen Strenge« führen (Raimund 43).

Raimund erzählt, daß sie eines Tages vor die Stadttore Sienas hinauslief, um Einsiedler zu werden. Doch machte das kleine Mädchen bald kehrt auf »dem weiten Weg bis zum Stadttor, der jetzt viel zu lang war für ihre kurzen Beine …; (denn es überkam sie) die Angst, Vater und Mutter könnten sie vermissen« (Raimund 44).

Als Katharina etwa 12 Jahre alt war, begann ihre Familie, so wie es Brauch war, sich um ihre Zukunft zu kümmern. Man wollte sie gut verheiraten, und besonders die Mutter hielt Ausschau nach einer guten Partie für ihre Tochter. Ihre älteste Schwester Bonaventura wurde in die Pläne eingespannt und sollte ihre kleine Schwester dazu bewegen, sich hübsch zu machen und am gesellschaftlichen Leben teilzunehmen. Obwohl Katharina bereits im Verborgenen ein intensives Gebetsleben führte und sich asketische Übungen auferlegte, gab sie doch kurze Zeit halbherzig nach und ließ sich sogar dazu überreden, ihr Haar zu bleichen. Doch dachte sie nicht ernsthaft daran, den begonnenen Weg mit Jesus zu verlassen, viel zu sehr war sie schon mit ihm verbunden. Katharina hatte sich angewöhnt, bei den alltäglichen Verrichtungen immer auch bewußt die Verbindung zu Gott zu suchen. Zum Beispiel beim Essen »betete sie und betrachtete fortwährend die geistige Stärkung, die ihr Gott schenkte« (Raimund 50). Die Familie gab aber die Heiratspläne noch nicht auf und bedrängte sie weiter. Sie bat jetzt den Dominikaner Fra Tommaso della Fonte, der ja mit Katharina groß

Siena – Via del Costone mit Blick auf S. Domenico und die Branda-Quelle

geworden war, das junge Mädchen zur Vernunft zu bringen. Als Bonaventura, die Katharina zur Schönheitspflege überredet hatte, im August 1362 ganz plötzlich starb, sah sie darin einen Fingerzeig Gottes, sich endgültig von allem weltlichen Streben loszusagen. Jetzt »zerstreute sie mit Worten, Zeichen und Taten jeden möglichen Zweifel an ihrer Entschlossenheit und wies jede Änderung ihrer Haltung in Zukunft rundweg von sich« (Raimund 51). Fra Tommaso, der sie eigentlich zur Heirat überreden sollte, war so beeindruckt von Katharina, daß er ihr riet, sich die Haare abzuschneiden, um dadurch eindeutig ihre Weihe an Christus zum Ausdruck zu bringen. Katharina handelte sofort entschlossen und bedeckte den kurzgeschorenen Kopf mit einem Tuch. Das brachte den Konflikt in der Familie zum Höhepunkt. Die Mutter war entsetzt, und es brach »ein noch wilderer Krieg gegen die unbotmäßige Tochter los … Man sorgte dafür, daß ihr kein stiller Winkel mehr offen stand … und daß sie ständig im Haus zu tun hatte, so daß ihr Raum und Zeit für das Gebet … gänzlich genommen waren« (Raimund 52).

Katharina mußte nun in der Küche arbeiten und wurde herumgestoßen wie eine Magd. Doch ihre entschiedene Hingabe an Christus wuchs gerade durch die Schwierigkeiten und Widerstände. Raimund von Capua stellte später einmal fest, daß es ein »bezeichnender Zug Katharinas sei: jeder Anschlag der Dämonen, jede Anfeindung von seiten der Menschen wirkte sich zum Gewinn für sie aus«. Und sie habe ihn ermahnt: »Begegnet Euch etwas Neues auf Eurem Weg, sei's ein Glück oder ein Mißgeschick, so denkt stets bei Euch selber: da will ich mir aber einen Gewinn herausschlagen!« (Raimund 122f). Der »Gewinn«, den Katharina in dieser Prüfung ihrer Berufung »herausschlug«, war die Entdeckung der »inneren Zelle«. Jetzt, wo ihr alle äußere Stille und Zurückgezogenheit genommen war, »hörte sie auf den Heiligen Geist, der sie lehrte, in ihrem Geiste eine stille Kammer einzurichten, die sie niemals wegen einer äußeren Arbeit verlassen solle … Die heilige junge Frau richtete sich dieses Zimmer her, das man nicht mit Händen bauen kann. Dabei half ihr der, dem zuliebe sie ihr äußeres, aus Stein gebautes Zimmer ohne Zögern hergegeben hatte« (Raimund 53). Aus dieser Erfahrung heraus gab Katharina später Raimund öfter den Rat: »Macht Euch eine Zelle in Eurem Innern; aus der geht nie heraus!« Es gelang ihr, im größten Trubel, in aller niedrigen und körperlich schweren Arbeit still zu bleiben und ihr Inneres für Gott frei und offen zu halten. Mehr als daß sie die Mißachtung und Erniedrigung durch die eigene Familie nur schweigend erduldete, fand sie darüber hinaus einen Weg, ihre Situation im Glauben positiv umzudeuten. Sie erzählte später, »sie hätte sich lebhaft vorgestellt …, daß ihr

Vater der Erlöser selbst, unser Herr Jesus Christus sei, ihre Mutter Maria, ihre Brüder und die anderen Hausbewohner die heiligen Apostel und die Jünger. Versetzte sie sich tief in diesen Gedanken, so bediente sie natürlich alle gern und mit der allergrößten Sorgfalt. Daneben zog sie aber noch einen weiteren Nutzen aus diesem Einfall: sie dachte während ihrer Arbeiten ständig an ihren Gemahl, Christus, dem sie ja nun mit ihrer Arbeit unmittelbar diente! Machte sie sich daher in der Küche zu schaffen oder trug sie das Essen auf, immer war sie im Allerheiligsten, und immer stärkte sie sich an der Gegenwart des Erlösers« (Raimund 54).

Die Familie spürte immer mehr, daß Katharina durch keine noch so strenge Maßnahme von ihrem Entschluß, für Gott allein zu leben, abzubringen war. Als sie dann ihr bereits im Stillen abgelegtes Gelöbnis der Jungfräulichkeit noch einmal öffentlich bekräftigte, gab man ihr nach. Besonders der Vater muß gespürt haben, daß seine Tochter unter einer besonderen Gnade stand. Er »betrachtete schweigend Katharinas Leben, und seine Überzeugung wuchs, daß in ihr nicht irgendeine kindische Laune steckte, sondern der Heilige Geist selber am Werke wäre« (Raimund 55). Der Vater verbot danach allen in seinem Haus, ihr je wieder Schwierigkeiten zu bereiten. So konnte Katharina nun ungehindert und offen das religiöse Leben führen, nach dem sie sich sehnte, und der Wunsch, in den Dominikanerorden einzutreten, wurde wieder wach.

Die zähe Monna Lapa unternahm noch einen letzten Versuch, ihre Tochter auf bürgerliche Wege zu locken, und nahm sie mit in das Schwefelbad von Vignone im Val d'Orcia bei Siena. Doch Katharina wußte auch diese Situation wieder ganz für ihren religiösen Eifer zu nutzen. Sie bat, baden zu dürfen, wenn alle Badegäste schon fort waren, und stellte sich dann direkt unter die Rohre, aus denen das heiße Wasser heraussprudelte. So wollte sie in ihrer drängenden Liebe zu Gott für ihre Lauheit und Nachlässigkeiten büßen.

Mantellatin

Raimund von Capua berichtet, daß Katharina sich schon in früher Jugend um das Heil der Menschen sorgte. »Gott entdeckte ihr, wie die brennende Sorge um Glauben und Heil der Menschen den hl. Dominikus zur Gründung des Predigerordens geführt hatte« (47). Katharina begegnete den Dominikanern mit Achtung und Ehrfurcht. Sie wollte sich mit diesen Ordensmännern für das Heil der Menschen einsetzen. »Sie sah natürlich, daß das für sie als Frau unmöglich war. Sie träumte aber davon, dasselbe wie die hl. Eufrosyna zu tun, deren Namen sie ja zufällig in ihren Kinderjahren als Kosenamen getragen hatte... Eufrosyna hatte sich nämlich als Mann ausgegeben, um in ein Männerkloster einzutreten. Katharina wollte gleicherweise in einer entfernten Gegend, wo niemand sie kannte, als Mann verkleidet, Predigerbruder werden, um den Menschen zu Hilfe zu eilen, deren Heil gefährdet war« (Raimund 47).

Nachdem Katharina sich entschieden hatte, als Jungfrau ganz für Christus zu leben, wurde der Wunsch ihrer Kindheit wieder lebendig, »das Kleid der Predigerbrüder zu nehmen, deren Vater, Gründer und Meister der hl. Dominikus ist. Tag und Nacht bat sie Gott, ihr diesen Wunsch zu erfüllen. Ich habe schon erwähnt, daß sie den hl. Dominikus hoch verehrte, weil er sein Leben in grenzenloser Liebe und mit viel Erfolg für die Menschen verzehrt hatte« (Raimund 55). Es wäre nun folgerichtig gewesen, daß Katharina bei den Dominikanerinnen um Aufnahme gebeten hätte, um das schwarz-weiße Ordenskleid zu empfangen und sich durch öffentliche und feierliche Gelübde für ihr ganzes Leben an den Orden zu binden. Aber das tat sie nicht. Es gab damals nur kontemplative Dominikanerinnen des sogenannten Zweiten Ordens, die in strenger Klausur lebten. Sie scheint dieses Leben nicht angestrebt zu haben. Sie fühlte sich zu einer Aufgabe berufen, die mit dem Leben einer Dominikanerin des Zweiten Ordens nicht vereinbar gewesen wäre. In einem Traumgesicht erhielt sie Klarheit über ihre Berufung, wie Raimund berichtet: »Es schien ihr, sie sähe viele heilige Väter und Ordensstifter versammelt, unter ihnen auch den hl. Dominikus... Alle, die da versammelt waren, forderten sie auf, einen Orden zu wählen, um in ihm ein heiligeres Leben zu führen als bisher und eine Arbeit zu leisten, die Gott noch lieber wäre. Ohne einen Augenblick zu zögern, richtete sie ihre Augen auf den hl. Dominikus und schritt auf ihn zu, während er ihr mit einem Schwesternkleid auf dem Arm entgegenkam. Das Kleid war das Gewand der Bußschwestern des hl. Dominikus, die damals in Siena zahlreich waren und es heute noch sind« (56). Diese Bußschwestern bildeten eine besondere Gruppe im »Orden von der Buße des hl. Dominikus«, der später Dritter Orden genannt wurde. Ihm gehörten verheiratete und unverheiratete Frauen und Männer an, die nach einer Regel ein religiöses Leben in der »Welt« führten. Schon bei den Benediktinern und Prämonstratensern gab es Bruderschaften von Laien, die sich an bestimmte Klöster anschlossen. Das eigentliche Institut des Dritten Ordens (oder auch Terziaren) schuf Innocenz III., als er die exkommunizierten Humiliaten wieder in die Kirche aufnahm und sie in einem dreigliedrigen religiösen Orden vereinigte. Die in getrennten Klöstern lebenden Chorherren und Chorfrauen bildeten den ersten Orden. Der zweite Orden bestand aus Laien, Männern wie Frauen, die in klösterlichen Gemeinschaften zusammenlebten. Zum dritten Orden gehörten die in ihren Familien wohnenden verheirateten und unverheirateten Männer und Frauen. Diese dritte Gruppe der Humiliaten erhielt keine Regel wie die beiden anderen, sondern ein »Propositum«, eine kurze Zusammenfassung ihrer religiösen und ethischen Lebensnormen, das Innocenz III. am 7. Juni 1201 bestätigte. Das so entstandene Institut der Terziaren wurde Vorbild für die vielen Bruderschaften, die sich um die Kirchen der Dominikaner und Franziskaner bildeten. Die unter der Leitung der Predigerbrüder stehenden Bruderschaften von der Jungfrau Maria, vom hl. Petrus Martyr und von der Buße des hl. Dominikus erhielten 1285 vom Ordensmeister Munio de Zamora eine einheitliche Regel: »Regel der Brüder und Schwestern von der Buße des hl. Dominikus«. Im 15. Jahrhundert wurde der Name geändert in »Dritter Orden von der Buße des hl. Dominikus.« Heute heißt dieser Zweig der Familia dominicana »Dominikanische Gemeinschaft« und ist dem Predigerorden angegliedert. Die Mitglieder dieser Gemeinschaft sind keine Ordensleute. Sie legen gegenüber dem Ordensmeister der Dominikaner das Versprechen ab, ihr Leben aus Geist und Charisma des hl. Dominikus zu gestalten.

Um das Jahr 1260 breitete sich die Bußbewegung in Italien gewaltig aus, wie z.B. die Geißlerzüge zeigen. Die Büßerinnen und Büßer, die sich dem Dominikanerorden anschlossen, trugen einen schwarzen Mantel, diejenigen, die mit den Franziskanern verbunden waren, kleideten sich mit einem grauen Mantel. Daher kommt der Name Mantellaten, der bei den Dominikanern, Augustinern und Serviten für die Mitglieder des Dritten Ordens gebraucht wurde. Zur Zeit der hl.

Katharina gab es in Siena Bußschwestern, die man »Mantellatinnen des hl. Dominikus« nannte. Sie bildeten eine besondere Gruppe, weil zu ihrer Gemeinschaft nur ehelos lebende Frauen gehörten, die allerdings kein öffentliches Gelübde der Keuschheit ablegten. Sie wohnten in ihren Familien. Zu Gottesdiensten und Versammlungen trafen sie sich in der Gewölbekapelle (Cappella delle Volte), die am Ende des Längsschiffes von S. Domenico liegt. Die geistliche Leitung der Gruppe hatte ein Dominikaner. Die Bußschwestern trugen ein weißes Kleid und darüber den langen schwarzen Mantel; ein weißer Schleier bedeckte das Haupt. Sie widmeten sich dem Gebet und den Werken der Barmherzigkeit. So dienten sie den Kranken, besuchten Gefangene, spendeten Trost den Trauernden, halfen den Notleidenden und bemühten sich um die Bekehrung der Sünder. Man kann die Mantellatinnen etwa mit den Beginen im Rheinland und in den Niederlanden vergleichen.

Katharinas innigster Wunsch war es, bei diesen Mantellatinnen einzutreten, um auf diese Weise dem Orden des hl. Dominikus anzugehören. »Bald jeden Tag drang Katharina in ihre Mutter, sie möchte bei den Bußschwestern des hl. Dominikus für sie um Aufnahme bitten, denn es verlangte sie nach nichts anderem« (Raimund 63). Die Schwestern lehnten Lapas Bitte ab mit der Begründung, sie würden normalerweise keine Mädchen oder junge Frauen aufnehmen. Katharina sei zu jung und zu schön. Sie war etwa 16 Jahre alt. Die Gruppe der Mantellatinnen bestand aus Witwen reiferen Alters und älteren Jungfrauen. »Mit diesem abschlägigen Bescheid löste die Mutter bei ihrer Tochter keine Freude aus, ihr selber aber war er natürlich mehr als willkommen« (Raimund 63). Katharina ließ sich durch diese Antwort nicht abweisen, sondern bestürmte ihre Mutter beharrlich, die Schwestern zum Nachgeben zu bewegen. Eine Krankheit kam ihr dabei zu Hilfe. »Kleine Pusteln oder Apostemata, wie die Ärzte sie nennen, bedeckten die Haut über und über und entstellten ihr Gesicht bis zur Unkenntlichkeit. Hohes Fieber begleitete den Ausschlag« (Raimund 64). Lapa war äußerst besorgt. Katharina sagte ihr, sie werde nicht eher gesund werden, bevor sie das Kleid der Bußschwestern erhalten habe. Lapa eilte zu den Mantellatinnen und brachte ihre Bitte mit Nachdruck vor. Sie hatte Erfolg. Zwei ältere Schwestern wurden abgesandt, um sich Katharina anzuschauen und ihre Berufung zu prüfen. »Sie entdeckten in der heiligen Jungfrau keine übermäßige Schönheit... Dafür wurden sie auf ihren Verstand und ihre Reife aufmerksam... Überrascht und mit wachsender Freude erkannten sie, daß Katharina wohl noch jung, aber in ihrem inneren Leben weit fortgeschritten sei« (Raimund 65). Die Versammlung der

Andrea Vanni, Katharina (Siena, San Domenico)

Mantellatinnen und die Predigerbrüder gaben ihre Zustimmung zur Aufnahme in den Orden von der Buße des hl. Dominikus. Katharina war voller Freude und dankte Christus und dem hl. Dominikus. Sie wurde sehr schnell gesund. »Am lang ersehnten Tag kamen Mutter und Tochter miteinander zur Kirche, wo sie sämtliche Schwestern in festlicher Stimmung erwarteten, und wo ihr der Predigerbruder, der den Schwestern damals vorstand, das schwarz-weiße Kleid der Bußschwestern endlich umlegen konnte« (Raimund 66). Die Aufnahme bei den Bußschwestern erfolgte zwischen 1362 und 1364. In der Gewölbekapelle von S. Domenico ist ein Stein im Fußboden eingelassen, der an die Einkleidung Katharinas dort erinnert. Dieses Kleid hat sie bis zu ihrem Tode getragen; in ihm ist sie auch von Andrea Vanni, einem ihrer Jünger, gemalt worden. Dieses authentische Bild unserer Heiligen kann man in der Gewölbekapelle betrachten. Nach dem Noviziat legte Katharina Profeß ab und versprach dem Ordensmeister der Predigerbrüder, vertreten durch den Dominikaner, der die geistliche Leitung der Mantellatinnen innehatte, nach der Regel der Brüder und Schwestern von der Buße des hl. Dominikus zu leben. Katharina gehörte nun zum Orden des hl. Dominikus. Ihre Beziehungen zu den Predigerbrüdern wurden vertrauter, so daß sie die Dominikaner als ihre Brüder betrachtete, mit denen sie ja durch ein geistliches Familienverhältnis verbunden war. Sie wachte und betete nachts, solange die Brüder ruhten. Wenn sie die Glocke zum Chorgebet in San Domenico läuten hörte, legte sie sich schlafen. Katharina liebte den Dominikanerorden, von dem der Herr im »Dialog« sagt, er sei von großer Weite des Geistes, voller Freude, mit Wohlgeruch erfüllt, ein köstlicher Garten (Nr. 158).

Die Zelle der Selbsterkenntnis

Unmittelbar vor Katharinas Elternhaus lag eine Kirche, die dem Wüstenvater Antonius geweiht war. Vermutlich hatte sie sich oft dorthin zum Gebet zurückgezogen; sie kannte ja auch sein Leben aus den in der Familie vorgelesenen Heiligenleben und Legenden. Als Siebenjährige hatte sie selbst nach der großen Christusvision die tiefe Sehnsucht nach Einsamkeit und Stille erfahren, die Gott im Menschen auslösen kann. Der drängende Wunsch, von der Sünde, den Abhängigkeiten und der Selbstsucht durch Christus geheilt zu werden, führt in die Abkehr von allem weltlichem Getriebe, um sich in der Einsamkeit radikal an Gottes Wirken auszuliefern. In Katharinas Hauptwerk, dem »Dialog«, erklärt Gott die Entwicklung, die die Seele auf dem »Weg der rückhaltlosen Liebe« nimmt: »Nachdem die Seele gemäß der Weisung des gekreuzigten Christus in wahrer Liebe zum Guten und voll Haß gegen das Böse in neuer innerer Bemühung das Haus der Selbsterkenntnis erreicht hat, verharrt sie darin eingeschlossen in Wachen und dauerndem Gebet und hält sich fern von jedem Umgang mit der Welt. Warum schloß sie sich ein? Aus Furcht, weil sie ihre Unvollkommenheit kannte und vom Wunsch beseelt war, zu reiner großmütiger Liebe zu gelangen. Denn sie sieht ein und erkennt, daß sie anders nicht dahin gelangen kann, und erwartet daher lebendig glaubend Mein Kommen in der wachsenden Gnade« (Dialog 79).

Nachdem Katharina nun als Mantellatin eine Möglichkeit gefunden hatte, ihre Berufung zu leben, tat sie genau das: sie schloß sich im Haus ihrer Familie in einem Kämmerchen im Untergeschoß ein. Die Zelle mit einem heute zugemauerten Fensterchen nach dem Vicolo del Tiratoio hin, ist größtenteils noch im Originalzustand erhalten. Dort liegt auch der Stein, auf dem sie nach dem Vorbild der Wüstenväter zum Schlafen den Kopf gelegt haben soll.

Sie nahm sich vor, diese Kammer nur zum Gottesdienst und zum Stundengebet der Mantellatinnen zu verlassen, und wollte das Schweigen nur für die Beichte unterbrechen.

Katharina aß und trank kaum noch, entzog sich Schlaf und kasteite ihren Körper. Sie geißelte sich nach dem Vorbild des Ordensvaters Dominikus bis aufs

Blut, trug ein härenes Hemd und legte sich schwere Ketten um. Raimund von Capua, der als ihr langjähriger geistlicher Begleiter und Beichtvater mit der überstrengen Askese Katharinas vertraut war, deutete sie als Zeichen und Folgen der außergewöhnlichen Begnadung: »... sie schöpfte ihre Kraft dazu aus keiner natürlichen Quelle« (Raimund 58). Sosehr wir heute wieder viel Sinn für Einsamkeit und Schweigen als Voraussetzung für tiefes Gebet haben, erscheinen uns solche körperlichen Bußübungen doch abwegig, wenn nicht sogar abstoßend. Für den mittelalterlichen Menschen gehörten Kasteiungen ganz selbstverständlich mit zur religiösen Praxis. Man geißelte sich, um so mit dem leidenden Herrn verbunden zu sein und Buße zu tun.

Erschwert wird unser Verständnis wohl auch dadurch, daß wir uns letztlich gar nicht in die übermächtige Liebe Katharinas zu Jesus einfühlen können, von der sie geradezu mitgerissen wurde. Wir erahnen sie höchstens und stehen staunend und bewundernd davor. In dieser Liebe sieht Raimund das »Herz von Katharinas gesamten, bestürzenden ... Leben. Der vertraute Umgang mit Christus ist die Quelle, der ihre unnachahmliche Abtötung ... entsprungen ist ...; allein dieser innige Verkehr, der innerste Ursprung von Katharinas gesamten Wirken, erschließt uns das Verständnis ihres Lebens« (Raimund 68f).

Katharina zog sich nicht in ihre Zelle zurück, um ihre Ruhe zu haben, sondern um Gott kennenzulernen. Dieses Erkennen geschah im Gebet, in der »inneren Zelle«, die sie ja schon entdeckt hatte, als sie keinen ruhigen Winkel mehr im Elternhaus besaß und den ganzen Tag in Hausarbeiten eingespannt war. Katharina betete nun ununterbrochen und war sich der Gegenwart Gottes im Glauben ständig bewußt. Sie schaute auf Gott, der in sich selbst die Liebe ist und den Menschen aus dieser Liebe heraus geschaffen hat. »Wieso schufst Du also, ewiger Vater, Dein Geschöpf da?« ruft sie in einem Gebet aus. »Darüber kann ich mich nicht genug wundern. Du weist mich darauf hin, und es leuchtet mir wirklich ein: In Deinem Licht hast Du Dich vom Feuer Deiner Liebe gezwungen gesehen, uns ungeachtet der Sünden, die wir gegen Dich begehen sollten, ins Sein zu rufen. Es gibt sonst keinen anderen Grund, aus dem Du das getan hättest, ewiger Vater. Das Feuer hat Dich dazu gezwungen. O unsagbare Liebe! ... Du hast Dein Auge auf der Schönheit Deines Geschöpfes ruhen lassen und hast Dich wie verrückt und trunken von Liebe in es verliebt. Aus Liebe hast Du es aus Dir hervorgezogen und ihm das Sein nach Deinem Bild und Gleichnis geschenkt« (zitiert nach Barth 93f). Im Blick auf Gott erkannte Katharina sich selbst: ein aus Liebe geschaffenes und für die Liebe bestimmtes Geschöpf. Die Liebe, so sah sie, ist das Wesen Gottes und das Lebenselement des Menschen.

»Euer Stoff ist die Liebe, denn Ich schuf Euch aus Liebe, und darum könnt ihr ohne Liebe nicht leben … Ich habe die Seele erschaffen und liebesfähig gemacht, und zwar so sehr, daß sie ohne Liebe nicht leben kann: die Liebe ist ihre Speise« (Dialog 143).

Siena – Zelle der hl. Katharina

Gott erklärt ihr auch, warum diesem Antrieb, der »Liebesneigung« des Menschen, nichts Geschaffenes genügen kann, warum er letztlich in den Dingen der Welt und auch in sich selbst keine endgültige Befriedung finden kann und darum aus sich heraus und sich selbst übersteigen muß: »Der Grund, warum sie (die Menschen) keine Sättigung finden, ist dieser: sie erstreben Endliches und sind doch dem Sein nach unendlich. Weil der Mensch über alle geschaffenen Dinge eingesetzt ist und nicht das Geschaffene über ihn, kann er Sättigung und Ruhe nur in etwas finden, das größer ist als es. Größer als er ist aber niemand als Ich, der ewige Gott, und Ich allein kann ihn stillen« (Dialog 115). Mit Schrecken sah Katharina, was geschieht, wenn die »Liebesneigung« des Menschen in Unordnung gerät, sich nicht mehr auf Gott hin ausrichtet, sondern sich in sich selber verbohrt. Dann hängt sich der Mensch an die Dinge der Welt und an sein eigenes Ich. »Wer in der Eigenliebe befangen ist«, so schrieb sie später einmal an Papst Urban VI., »ist nicht bereit, das Leben zu lassen, und nicht nur das Leben, es scheint, er vermöge auch die kleinste Mühe nicht auszuhalten; denn er fürchtet immer um sich, nämlich das leibliche Leben und die eigenen Annehmlichkeiten zu verlieren. Daher ist alles, was er tut, unvollkommen und verdorben, da seine Hauptneigung, aus der heraus er handelt, verdorben ist« (zitiert nach Gnädinger 221). Die Eigenliebe ist »die Liebe ohne Gott« (Brief an Gregor XI., zitiert nach Gnädinger 134). Sie treibt den Menschen in die Absonderung, in die Sünde, sie trennt ihn von Gott, darum ist die Selbsterkenntnis für das geistliche Leben von zentraler Bedeutung, »denn in der Erkenntnis unserer selbst erkennen wir, daß wir nicht sind, sondern unser Sein von Gott haben« (Gnädinger 214). Die eigene Begrenztheit, Bedürftigkeit und absolute Abhängigkeit anzunehmen, und eben darin Gottes frei schenkende Liebe zu erkennen, diese beiden Bewegungen gehören zusammen. Selbsterkenntnis und Gottesliebe bedingen einander und dürfen nicht getrennt werden. Eines ohne das andere zu erstreben, würde krank machen: »Wenn der Mensch sich selbst erkennt, erkennt er Gottes Güte in sich. Würde er nur sich selbst erkennen und wollte er Gott ohne Selbsterkenntnis erkennen, so wäre seine Erkenntnis nicht in der Wahrheit gegründet, und er käme nicht in den Genuß der Frucht, die man aus der Selbsterkenntnis gewinnen muß; statt zu gewinnen, verlöre er, denn er zöge aus der Selbsterkenntnis nur Verdruß und Verwirrung, so daß die Seele ausdörrte und, wenn sie ohne Abhilfe in diesem Zustand verbliebe, in Verzweiflung geriete. Und wenn sie Gott ohne Selbsterkenntnis erkennen wollte, erntete sie die ekelhafte Frucht einer großen Überheblichkeit, die vom Hochmut gespeist wird; eines nährt das andere. Deshalb ist es besser, daß das Licht in Wahrheit schaut und erkennt und die Selbst- und Gotteserkenntnis verbindet und die Gottes- mit der Selbsterkenntnis ... Denn aus der Selbsterkenntnis empfängt sie die Frucht der wahren Demut ... Und aus der Erkenntnis der großen Güte Gottes, die sie in sich findet, erlangt sie die Frucht der abgründigen, glühenden Liebe zu Gott und zu ihrem Nächsten« (Brief an Felice da Massa, zitiert nach Hirtz 160).

Raimund von Capua hält eine Vision Katharinas für das Schlüsselerlebnis, aus dem sie dieses Grundprinzip herleitete: »Während sie einst betete, trat der Herr Jesus Christus zu ihr und fragte sie: Meine Tochter, weißt du, wer du bist, und wer ich bin? Es gibt kein seligeres Glück, als dies zu wissen. Du bist die, die nicht ist. Ich bin der, der ist. Bist du von diesem Wissen lebendig durchdrungen, kann dir der Böse nichts anhaben, und allen seinen Schlingen wirst du unversehrt entschlüpfen« (Raimund 75).

Katharina betont immer wieder, daß der Beter in der »Zelle der Selbsterkenntnis« bleiben muß, so daß daraus eine lebendige Grundhaltung werden kann. »Ich möchte, daß Ihr diese Zelle ständig mit Euch tragt, überall, wohin Ihr auch geht, in jeder Beschäftigung. Ihr sollt sie nie verlassen, sondern Euch immer darin verbergen, im Chor, im Speisesaal, bei Zusammenkünften und bei den verschiedenen Übungen und in allen Euren Pflichtarbeiten«, schreibt sie an einen Ordensmann (zitiert nach Hoffmann 61). Der mutige und konsequente Abstieg in die Wahrheit über sich selbst ist immer wieder die Voraussetzung für die Begegnung mit Gott; »denn wer sich selbst nicht erkennt, vermag mich nicht zu erkennen«, wird Katharina von Gott belehrt (Brief an Raimund von Capua, zitiert nach Gnädinger 211).

Anfechtung im Glauben

Im einsamen, unaufhörlichen Gebet lernte Katharina sich selbst und ihren Schöpfer kennen und drang immer tiefer in seine Liebe ein. »… welches Herz könnte so verhärtet und widerspenstig sein, daß, wenn es die Zuneigung und Liebe, die ihm die Güte Gottes entgegenbringt, einsieht, es sich nicht erweiche? Liebet, liebet! Bedenkt, daß ihr geliebt wurdet, bevor ihr liebtet«, schrieb sie später in einem Brief (Brief an Messere Bernabò, zitiert nach Gnädinger 46). Als Liebende wollte sie nur noch eines: sich ganz in Gott versenken. Raimund von Capua erklärte sie: Ein Mensch, der wirklich in der Selbsterkenntnis lebt, daß er sich ganz Gott verdankt und ständig aus der Gnade lebt, kann sich selber nur noch im Blick auf und in Beziehung zu Gott erkennen und verstehen. Darum strebt er danach, »sich aller Dinge zu entledigen und ganz tief in den Schöpfer hinabzutauchen« (Raimund 79). Katharina gebraucht hier einen Vergleich: Gott ist wie Wasser. Der Beter ist der Taucher, der darin untertaucht, so daß er nur noch das Wasser sieht und berührt. So wie nun der Taucher von allen Dingen, die ihr Spiegelbild auf das Wasser werfen, eben das Spiegelbild sieht, so erkennt der Betende sich selbst, die Menschen und alles Geschaffene wahrhaft nur im Schöpfer, in Gott.

Den Blick unverwandt auf Gott richten und in ihn »hinabzutauchen«, das ist Glauben. Katharina wurde zwar in ihrer Abgeschiedenheit mit vielen Visionen beschenkt, in denen sie »sieht« und »hört«, aber auch sie muß glauben. Die mystischen Phänomene sind nur Begleiterscheinungen eines intensiven Glaubens. Dem Begnadeten wird darin nichts »Neues« von Gott vermittelt, vielmehr werden bestimmte Glaubenswahrheiten, die allen Glaubenden zugesprochen sind, für den Mystiker über die Sinne erfahrbar. Katharina hatte nie Aufhebens um ihre außerordentliche Begnadung gemacht, eher ging sie darüber hinweg. Darum bat sie den Herrn nun auch nicht um bestimmte Erlebnisse, sondern immer wieder um Festigkeit im Glauben. »Sie sann oft darüber nach, wie lieb Gott sie gewinnen müßte, wenn sie unbeirrbar und beherzt an ihn glaubte und ihm in diesem Glauben wie eine Braut gehorchte. So wie die Jünger den Herrn gebeten hatten, sie fest und vollkommen glauben zu lehren, so flehte auch sie um einen solchen Glauben« (Raimund 90).

Stark und ausdauernd wird der Glaube in der Erprobung, in Prüfungen. Und die begannen jetzt für Katharina. Ihre Zelle, der Ort beglückender und erfüllender Gotteserfahrung, wurde nun zum Ort der Qual, Angst und Dunkelheit. Raimund von Capua schildert ausführlich die dämonischen Trugbilder und Wahnvorstellungen, die Katharina gequält haben. Ihr radikales Leben erschien ihr jetzt als Dummheit. Es wäre vernünftiger, grübelte sie, wenn sie lebte wie alle, heiratete und eine Familie gründete. Und wenn sie mehr Rücksicht auf ihren Körper nähme, ausgeschlafen und kräftig wäre, könnte sie viel Gutes für die Mitmenschen tun. Sie empfand das einsame Beten jetzt als nutzlose Zeitverschwendung, und die Askese wurde ihr zur unsinnigen Selbstquälerei. Weil es Katharina nur noch um die Liebe ging, um leidenschaftliche Liebe zu Gott, mußte sie sich auch ihrer Geschlechtlichkeit stellen, die sich in starken erotischen Phantasien meldete. Raimund verweist hier auf ähnliche Erfahrungen, die bereits der Wüstenvater Antonius und der hl. Hieronymus machen mußten. Wie sehr Katharina in dieser Zeit auch als Frau reifte, zeigt später ihr unbefangener, offener und herzlicher Umgang mit vielen Männern, die sie zum Teil als ihre geistliche Mutter anerkannten und sich von ihr führen ließen. Auch vor moralischer Dekadenz und Schlechtigkeit in der Kirche und der Gesellschaft hat sie nie furchtsam die Augen verschlossen. Wenn es sein mußte, nannte sie die Dinge unverkrampft und sehr direkt beim Namen.

Katharina wurde in ihrer Zelle von Widerwillen, Ekel, Mutlosigkeit, negativen Gedanken und Traurigkeit nur so geschüttelt, und vor allem verlor sie die spürbare Nähe zu Jesus. »Selbst ihr Bräutigam hatte sich vor ihr verborgen … Mit diesem unerklärlichen Schweigen senkte sich eine überwältigende Traurigkeit auf Katharina herab. Sie ließ indessen weder von ihrer Buße noch von ihrem Gebet, sondern gab sich treu weiterhin Mühe dafür« (Raimund 84f).

Später konnte sie vielen Menschen in geistlicher Not mit diesen Erfahrungen helfen. An eine Benediktinerin schrieb sie: »Der böse Feind schläft ja nie; und Gott läßt das zu, um seine Braut zu vollkommener Wachsamkeit zu erziehen, um sie in der Tugend wachsen zu lassen. Darum läßt Gott manchmal zu, daß der Geist in unfruchtbarer Finsternis schmachtet und von vielen bösen Gedanken gequält wird, so daß es ihm unmöglich erscheint, an Gott zu denken oder sich auch nur seines Namens zu erinnern. Sei auf der Hut, wenn du bemerkst, daß diese Prüfung über dich kommt. Laß dich nicht von Überdruß oder unordentlicher Traurigkeit übermannen, noch unterlasse deine Übungen und Gebete, wenn der böse Feind dir einflüstern möchte: ›Was nützt dir dieses Gebet, es fehlt dir ja doch an Andacht und Inbrunst? Es wäre besser für dich, es zu unterlassen.‹

Laß aber darum nicht ab davon und verliere deshalb den Mut nicht, sondern erwidere mannhaft: ›Ich will mich lieber um Christi des Gekreuzigten willen in Pein, Finsternis und Kampf abmühen, als davon ablassen und Ruhe haben.‹« (Brief an Sr. Bartholomäa della Seta, zitiert nach Käppeli 70f).

Trotz aller Trockenheit rang Katharina unaufhörlich um Treue im Gebet. Dabei ließ sie sich, wenn sie von Gedanken der Resignation und Vergeblichkeit überflutet wurde, auf keine innere Auseinandersetzungen ein und ging nicht direkt gegen die Versuchung an, sondern wandte sich ganz Christus zu. »Während des Wortschwalls betete Katharina und vertraute unentwegt auf ihren Bräutigam … Sie widersprach mit keiner Silbe. Nur als die Dämonen ihre Ausdauer anzweifelten, daß sie nämlich unmöglich bis ans Ende durchhalten könne, sagte sie: Ich traue es unserem Herrn Jesus Christus zu, nicht mir« (Raimund 84).

Sie lernte, wie entscheidend der Wille für das geistliche Leben ist. Gott hat dem Menschen freien Willen geschenkt, so daß er sich zum Guten und Schlechteren entscheiden kann. »Die Freiheit des Menschen ist so groß …, daß weder Teufel noch irgendein anderes Geschöpf ihn gegen seinen Willen auch nur zur geringsten Sünde zwingen kann«, erklärt ihr Gott im »Dialog« (27). Bleibt der Wille auch in aller Dunkelheit und Verwirrung auf Gott ausgerichtet, darf der Beter sich eben deshalb in der Gnade wissen und auf die Nähe Gottes vertrauen, selbst wenn im Fühlen und Erleben scheinbare Gottesferne herrscht.

»Wenn du Gott suchst«, ermutigte Katharina die ratsuchende Ordensfrau, »wird dich dein aufrichtiger Wille ihn finden lassen. Magst du die vielen Anfechtungen noch so empfinden, dein Wille bleibt sich doch bewußt, daß er Gott sucht … Darum sollst du … wegen der Anfechtungen nicht kleinmütig werden; Gott bewahrt ja den guten Willen« (Brief an Sr. Bartholomäa della Seta, zitiert nach Käppeli 72f).

Im Augenblick der größten Verzweiflung, als ihr Herz »nichts als eine Grube gröbsten Unflates war« (Raimund 87) und sie nur tiefe Traurigkeit und Bitterkeit empfand, leuchtete Katharina blitzartig der Sinn dieser dunklen Zeit auf: Nicht mit Macht und Kraft hatte Christus alle Finsternis der Welt überwunden, sondern in der Ohnmacht der Liebe und des Kreuzes. Und genau dies vollzog sich nun auch an und in ihr. Als sie Jesus um festen Glauben bat, hat er ihr geantwortet: »Meine Tochter, willst du stark werden, mußt du es mir gleichtun. Mit meiner Kraft, der Kraft Gottes selbst, hätte ich alle Mächte der Luft ins Nichts sinken lassen oder ihnen auf andere Weise ihre Ohnmacht zu fühlen geben können. Doch ich habe sie mit meinem Kreuz allein überwinden wollen!

Was ich als Mensch auf Erden getan habe, ist ein Beispiel für euch. Ich rede nämlich auch auf diese Weise, ohne Worte, aber mit meinem Leben zu euch« (Raimund 82f).

Mystische Vermählung Katharinas
(Köln, St. Andreas – Maler unbekannt)

In einer Vision wurde ihr die Teilhabe an Christi Kreuz verdeutlicht: »Funkelndes Licht ergoß sich von oben in die Kammer hinein, und in diesem Glanz trat der Herr Jesus Christus auf Katharina zu. Er kam in der blutüberströmten Gestalt des Gekreuzigten … und fragte sie: Katharina, meine Tochter, siehst du, wie sehr ich für dich gelitten habe? Dulde auch du gern etwas für mich! – Er beugte sich zu ihr hinab und lobte ihren tapferen Kampf und Sieg. Da brach die Frage, wie einst bei Antonius, aus ihr hervor: Mein Herr, wo warst du, als mein ganzes Herz voll Greuel war? – In deinem Herzen war ich, antwortete er ihr. Da rief sie aus: … wie kann ich glauben, daß du damals in meinem Herzen wohntest, das nichts als eine Grube gröbsten Unflates war? – Haben dich denn diese Vorstellungen und Versuchungen ergötzt und erfreut, fragte er sie, oder warst du nicht traurig darüber und niedergeschlagen? – Oh, sehr traurig! entgegnete Katharina lebhaft. Da fuhr der Herr fort: Wer hat dich denn traurig gemacht, wenn nicht ich, verborgen auf dem Grund deines Herzens? … Du wolltest diesen widerlichen Unrat aus deinem Herzen fegen, aber trotz deinem heißen Verlangen vermochtest du es nicht … Du hast diesen Kampf nicht mit deiner, sondern mit meiner Kraft treu und siegreich bestanden« (Raimund 86f).

Nach dieser Läuterungszeit war sich Katharina ihrer geschöpflichen Abhängigkeit und ihres »Nicht-seins« noch tiefer bewußt und es gab keine auch noch so versteckten Ansprüche auf Gnaden und Tröstungen mehr in ihrer Liebe zu Gott. Sie war jetzt ganz Empfangende geworden.

Im »Dialog« wird diese innere Haltung mit der eines Freundes verglichen, der, wenn er ein Geschenk von seinem Freund erhält, mehr auf den Geber schaut als auf die Gabe, weil in dieser Gabe der Schenkende sich selber gibt. »Wenn die Seele Meine Gnadengaben empfängt, blickt sie nicht bloß auf die Gabe, sondern erkennt mit dem Auge des Geistes Meine, des Gebers Liebe … Ihr könnt die Gabe nicht sehen, ohne auch Mich, den Geber zu erblicken« (Dialog 89).

Katharinas inständige Bitte um unerschütterlichen Glauben wurde nun erfüllt, und mit dieser Gnade schenkte sich ihr Christus selbst. In einer Vision erlebte sie eine Vermählung mit dem Herrn, in der ihre bräutliche Hingabe und ihr Einssein im Glauben mit Christus zum Ausdruck kommt. Das Bild der Brautschaft findet sich in der Heiligen Schrift, wo es zunächst im Alten Testament auf die Erwählung des Volkes Israels zu einem Liebesbund mit Gott (Hos 1-3; Jer 2; Ez 16) angewandt wird. Im Neuen Testament wurde es auf das Verhältnis Christi zu seiner Kirche übertragen (Mt 22,1-14; 25,1-13; 2 Kor 11,2). Und in der Frömmigkeitsgeschichte deutete man dann besonders die Bilder des Hohenliedes auf das liebende Ich-Du-Verhältnis des einzelnen Glaubenden zu Christus um.

Raimund von Capua erzählt, daß der Herr Katharina in den Fastnachtstagen des Jahres 1366 oder 1367 erschien und ihr sagte: »Mir zuliebe hast du alles Nichtige von dir getan ... Deshalb steht mein Entschluß fest, jetzt mit dir aufs festlichste meine Vermählung zu feiern: ja, wie ich es dir versprochen habe, will ich mich nun mit dir im Glauben vermählen« (Raimund 91).

Zusammen mit Christus erschien seine Mutter Maria, begleitet vom heiligen Dominikus und König David, der die Harfe spielte. Sie nahm Katharinas Hand und reichte sie ihrem Sohn. Er ergriff die Hand und steckte einen Ring an ihren Finger. Der Ring ist, wie Raimund deutet, das Zeichen der innigsten Verbindung zwischen Christus und Katharina. Er versinnbildet den festen Glauben, der ihr jetzt geschenkt wurde. Der Ring, nur für Katharina sichtbar, blieb zeitlebens an ihrem Finger als »Unterpfand der nie fehlenden göttlichen Hilfe und Gnade« (Raimund 92).

Wie alle mystischen Gnaden bedeutete auch diese nicht nur geistliche Freude, Stärkung und Trost, sondern auch Beauftragung und Sendung. Gott wollte Katharina nun aus der Abgeschiedenheit ihrer Zelle hinaussenden in die Welt zu den Menschen. Nachdem sie ihm ihr Herz ganz geöffnet hatte, sollte sie nun die Herzen anderer Menschen für Christus gewinnen. »Meine Tochter, was ich dir mit liebender Sorge zu tun auftrage, das vollbringe zuversichtlich und ohne Zaudern. Jetzt nämlich stählt dich die Kraft des Glaubens« (Raimund 91). Doch nicht zu großen Werken wird Katharina zunächst berufen. Aus den Höhen mystischer Erfahrung wird sie in die Banalität des familiären Alltags geschickt: »Nun geh, es ist Zeit zum Mittagessen, und deine Leute setzen sich eben zu Tisch«, befahl ihr Christus (Raimund 96).

Sie sträubte sich zunächst sehr dagegen, ihre Zelle und Einsamkeit mit Gott zu verlassen. »Wäre es nicht für den Herrn gewesen, sie hätte es um nichts in der Welt getan!« (Raimund 96). Dann folgte Katharina dem neuen Impuls und begann wieder, für ihre Familie im Haus und in der Küche zu arbeiten. Außerdem kümmerte sie sich zunehmend um Arme und Notleidende in der Nachbarschaft. Sie versorgte sie mit Kleidung und Nahrung und pflegte die Kranken, wobei sie auch vor der Berührung mit Aussatz und ekelerregenden Krebsgeschwüren und vor der Launenhaftigkeit mancher Kranken nicht zurückscheute.

Die Erzählungen über ihre Wohltätigkeit sind voll von Wunderberichten. Darin drückt sich aus, daß Katharina nun auch in aller Aktivität und Sorge um die Mitmenschen in der Kontemplation blieb. Nach der mystischen Vermählung hatte Christus zu ihr gesagt: »Du sollst nicht nur dir selber nützlich sein, nein, auch den anderen, auch dafür gebe ich dir ja meine Gnade … – Die Liebe für die Menschen wird dich noch fester an mich binden!« (Raimund 97).

Und das erfuhr sie jetzt. Selbst während häuslicher Arbeiten geriet sie in Ekstase, weil sie mit ihren Gedanken und aller Liebe ununterbrochen bei Christus war.

Der Antrieb für ihr Handeln war der innige Wunsch, die Menschen für das Gute, für Christus zu öffnen. »Nach links und rechts streuten ihre Hände Liebe aus; denn sie hoffte, auf diese Weise ihre Umgebung mächtig zu Gutem anzuspornen« (Raimund 102).

Mutter und Meisterin

Die mystische Erfahrung führt zur tiefen Sehnsucht, immer bei Christus zu sein. Dieses brennende Verlangen finden wir bei allen Mystikern. Katharina sehnte sich danach, auf immer mit Christus vereinigt zu sein. Sie bat ihn, sie von der Welt wegzunehmen. Er aber antwortete, daß die Zeit dafür noch nicht gekommen sei, und fügte hinzu: »Ja vielmehr will ich, daß du dich um einige Personen kümmerst und dein Leben Richtschnur und Beispiel für viele sei« (Supplementum 21). Hier finden wir das ausgesprochen, was den Mystikern immer klar wurde: Je mehr sie Gott liebten, je mehr sie sich nach der Vereinigung mit Gott sehnten, umso mehr erkannten sie, daß sie sich den Menschen zuwenden mußten. Die Liebe, die sie empfingen, konnten sie nicht für sich behalten, sie strömte über zu den Menschen. Nach Raimund sagte Jesus zu Katharina: »Du sollst nicht nur dir selber nützlich sein, nein, auch den anderen, auch dafür gebe ich dir ja meine Gnade... Hast du nicht auch darum das Kleid, das du jetzt trägst, so glühend ersehnt, weil dir der heilige Dominikus, mein treuer Knecht, ganz besonders teuer geworden war? Er hat seinen Orden in erster Linie dafür gegründet, daß den Menschen geholfen würde« (97f). Bevor Dominikus sich der Wanderpredigt widmete, lebte er neun Jahre in einem kontemplativen Kloster. Aber es drängte ihn, zum Heil der Menschen tätig zu werden: »Und dies war die besondere Bitte, die er immer wieder an Gott richtete: Er möge ihm eine echte Liebe geben, damit er für das Heil der Menschen wirken könne. Er glaubte nämlich, erst dann ganz zu Christus zu gehören, wenn er sich mit allem, was er war und hatte, für das Heil der Menschen einsetze, so wie unser Herr Jesus, der Erlöser aller Menschen, sich ganz für unser Heil hingegeben hat« (Jordanus von Sachsen, zitiert nach Koudelka 77).

Wie Dominikus wurde Katharina von der Liebe gedrängt, sich um die Menschen zu kümmern. Es wurde ihr aber klar, daß Christus sie nicht nur berufen hatte, Werke der Nächstenliebe zu üben, wie die anderen Mantellatinnen, sondern daß er mehr von ihr erwartete. Immer deutlicher erkannte sie ihren Auftrag, zu predigen und sich politisch zu engagieren. Ihre Sendung im Geist des hl. Dominikus zum Heil der Menschen konnte sie als Frau in der damaligen Zeit nicht alleine ausüben. Auf die Gemeinschaft der Mantellatinnen durfte sie sich aber nicht beschränken, weil diese guten und frommen Schwestern ihre außergewöhnliche Persönlichkeit nicht verstehen konnten. Sie lebten in ihrer kleinen Welt der vorgeschriebenen Pflichten, die sie zu erfüllen hatten. Die Lebensbeschreibungen und die Aussagen im Prozeß von Castello beklagen die Eifersucht, die Verleumdungen und Verfolgungen durch engstirnige Mitschwestern. Dennoch gab es einzelne unter ihnen, die offen waren für Katharinas ungewöhnliche Berufung. Ihre Zahl wuchs auch ständig. Katharina nahm Anteil an ihrem Leben und freute sich, mit ihnen zusammenzusein. Aber diese Gemeinschaft konnte ihr nicht genügen. Sie brauchte Menschen um sich, die religiös aufgeschlossen waren und von denen sie lernen konnte. Es bildete sich um sie ein Kreis von Freunden und Verehrern, der im Italienischen »famiglia« genannt wird. Die Gemeinschaft entstand etwa gleichzeitig mit den politischen Umwälzungen in Siena und mit den einschneidenden Veränderungen im Leben der Familie Benincasa.

Katharinas Vater starb am 22. August 1368. Mit ihm verlor sie denjenigen, der sie in ihrem Elternhaus am besten verstand und unterstützte. Als ihr Bruder Bartolo aus politischen Gründen Siena verlassen mußte, ging auch ihre Schwägerin Lisa nach Florenz, die Katharina »gut kannte und mit der sie gerne sprach und zu der sie daher großes Vertrauen hatte«, wie Tommaso da Siena berichtet (Supplementum 63). Die Kinder Bartolos und Lisas blieben in Siena unter der Obhut ihrer Großmutter Lapa. Nachdem Bartolo 1374 an der Pest gestorben war, trat Lisa bei den Mantellatinnen ein und schloß sich der »famiglia« an. Als eine der treuesten Gefährtinnen begleitete sie Katharina auf ihren Reisen. Bei der Abfassung seiner »Legenda maior« legte Raimund von Capua auf ihr Zeugnis über das Leben unserer Heiligen großen Wert.

Mit einigen der Schwestern von der Buße des hl. Dominikus bildete sie den Kern der »famiglia« um Katharina. Außer ihr ist die junge Witwe Alessia dei Saracini zu nennen, die »in eine der fünf oder sechs vornehmsten und mächtigsten Familien Sienas hineingeheiratet hatte« (Papàsogli 78). Da sie kinderlos geblieben war, trat sie bald nach dem Tode ihres Mannes bei den Bußschwestern des hl. Dominikus ein. Sie beherbergte Katharina zeitweise in ihrem Haus. Beide verband eine tiefe Freundschaft. »Von ihr glaube ich fest, daß sie im Himmel wieder mit Katharina vereinigt ist, denn sie hat ihre Mutter nur kurze Zeit überlebt« (Raimund 131). Mit »Mutter« ist Katharina gemeint; denn die Mitglieder der »famiglia«, auch ihr Beichtvater Raimund von Capua, sprachen sie mit »Mutter« oder »Mamma« an. Dies mag vielleicht erstaunen, weil Katharina eine junge Frau war und die meisten aus ihrer »famiglia« gleichaltrig oder älter waren. Aber sie bewunderten die Färberstochter als die reife geistliche Persönlichkeit, die ihnen an Weisheit und Heiligkeit voraus war. Tommaso da Siena hat im Prozeß von Castello begründet, warum sie »Mutter« genannt wurde:

Erentrud Trost OSB
Fenster in der Kapelle der Dominikanerinnen zu Rickenbach/Schweiz

»Das geschah aus keinem anderen Grund als wegen ihrer außergewöhnlich vollkommenen Liebe und Heiligkeit« (94). Katharina ist zu vergleichen mit der geistlichen Mutter (amma pneumatiké) im frühen Mönchtum. Auch Francesca (oder Cecca) di Clemente Gori war eine vertraute Freundin unserer Heiligen. Ihre drei Söhne wurden Dominikaner und ihre Tochter Justina Dominikanerin in Montepulciano. Als Witwe verzichtete sie auf Reichtum und gesellschaftliche Stellung und schloß sich den Bußschwestern des hl. Dominikus an. Mit der Schwägerin Lisa zählten diese beiden zu den vertrautesten Gefährtinnen Katharinas. Noch weitere Mantellatinnen scharten sich um die Heilige wie Giovanna dei Pazzi, Caterina di Ghetti und andere. Die Bußschwestern der »famiglia« bildeten eine Art Gemeinschaft; sie beteten miteinander und aßen gemeinsam, sie begleiteten Katharina auf ihren Reisen und halfen ihr in vielfältiger Weise, wie z.B. als Sekretärinnen.

Zu diesen Mantellatinnen schlossen sich auch Ordensmänner Katharina an. Als erster ist Fra Tommaso della Fonte zu nennen, den sie ja von Kindheit an kannte und der ihr erster »Seelenführer« war. Es scheint, daß sich Tommaso in seiner Aufgabe als geistlicher Begleiter, wie man heute sagt, überfordert fühlte. Denn er nahm verschiedene Mitbrüder mit zu Katharina, um ihre Eindrücke und Urteile über diese außergewöhnliche junge Frau zu erfahren. Es war im Jahre 1368, als er Fra Bartolomeo Dominici mitbrachte, einen intelligenten und klugen jungen Theologen. Bartolomeo wurde 1345 in Siena geboren. Er dozierte später in verschiedenen Konventen Theologie, war Prior, Provinzial und Vikar des Ordensmeisters. Beim Prozeß von Castello sagte er als einer der Hauptzeugen aus. 1415 starb er in Rimini. Schon bei der ersten Begegnung war der nachdenkliche und besonnene Fra Bartolomeo von Katharina fasziniert. Er berichtete später darüber: »Sie war eine junge Frau und hatte ein frohes Gesicht; auch ich war noch jung, aber dennoch empfand ich keine erotischen Gefühle, wie ich sie in der Begegnung mit anderen Frauen erfuhr; im Gegenteil, je öfter ich mit ihr sprach und je näher ich ihr kam, um so mehr verschwanden alle ungeordneten Leidenschaften« (Prozeß von Castello 287). Sie freute sich, einen gelehrten Predigerbruder gefunden zu haben, der sie verstand und mit dem sie über theologische Fragen sprechen konnte. Es entstand eine freundschaftliche Beziehung, die für beide von großem Nutzen war. Er unterrichtete sie in der Theologie, und sie führte ihn zu einer großen Liebe zu Christus. »Die Zuneigung und geistliche Freundschaft, welche die beiden verband, finden wir in den Briefen wieder, welche die Mantellatin an Fra Bartolomeo richtete. Sie schreibt aus dem Gefühl heraus, verstanden zu werden, und ihre Gedanken fluten reich und ungehemmt;

sie hat keine Angst, erklären oder verdeutlichen zu müssen, sie läßt die Fülle ihres Geistes überströmen« (Levasti 70). Fra Bartolomeo übte einen entscheidenden Einfluß auf Katharinas geistige Bildung aus. Sie aber wurde seine Meisterin im geistlichen Leben. Er war wohl der erste, der ihre wahre Größe erkannte.

Unter den Dominikanern der »famiglia« muß noch Fra Tommaso di Antonio Nacci (1350–1434) hervorgehoben werden. Da er aus Siena stammte, wird er auch Tommaso da Siena genannt oder einfach »il Caffarini«. Im Alter von 16 oder 17 Jahren lernte er Katharina kennen. Er war einer der größten Bewunderer der Mantellatin und hat mehr als alle anderen für ihre Heiligsprechung getan. Berichte über Wunder und andere außergewöhnliche Ereignisse der Heiligen hat er eifrig gesammelt, war aber dabei sehr unkritisch. Er gab die »Legenda minor« heraus (eine Abkürzung der »Legenda maior« des Raimund von Capua) und verfaßte das »Supplementum« als Ergänzung zur Biographie Raimunds. Auf seine Veranlassung wurde der Prozeß von Castello (1411–1416) durchgeführt. Zu dieser Zeit lebte er in Venedig und leitete als Prior zuerst den Konvent SS. Giovanni e Paolo und dann den Konvent S. Domenico di Castello. Sein ganzes Leben hat er im Geiste seiner Meisterin gearbeitet und sich für die Reform des Dominikanerordens eingesetzt. Noch einige Dominikaner mehr schlossen sich Katharina an.

Neben Dominikanern gehörten noch andere Ordensleute der »famiglia« an, wie z.B. der englische Augustinereremit William Fleete, der im Kloster Lecceto bei Siena lebte. Als gelehrter Theologe unterwies er Katharina in der Lehre des hl. Augustinus, wovon sich Spuren in den Schriften der Heiligen zeigen. Auch brachte er sie in Verbindung mit den Ideen der Spiritualen, einer franziskanischen Erneuerungsbewegung des 13. und 14. Jahrhunderts. Wahrscheinlich hat sie durch ihn auch das Erbauungsbuch dieser Bewegung, den »Baum des gekreuzigten Lebens Jesu« (Arbor vitae crucifixae Jesu) des Ubertino da Casale (+ um 1328), kennengelernt. Fleete war von der ersten Begegnung mit der Heiligen an einer ihrer eifrigsten Jünger. Er bewunderte sie wegen ihres klaren Verstandes und ihres Eifers für die Reform des kirchlichen Lebens.

Ein weiterer Augustinereremit, Giovanni Tantucci oder Giovanni »Terzo«, weil er der dritte Prior von Lecceto mit Namen Giovanni war, schloß sich der »famiglia« an. Er kam aber nicht in die Fontebranda, weil er Katharina verehrte, sondern weil er als Magister der Theologie abschätzig über das »unwissende Weiblein« dachte, »das mit ihren falschen Darlegungen der Heiligen Schrift einfache Personen verführe und ihre Seelen mit sich in die Hölle führe« (Prozeß von Castello 386). Die Begegnung mit ihr machte aus dem Gegner einen treuen Vertrauten der Heiligen, bei dem sie auch beichtete. Er begleitete sie nach Avignon und Rom. Ihm vertraute sie vor ihrem Tode ihre »famiglia« an.

Weitere Ordensmänner, wie die gelehrten Franziskaner Fra Gabriele da Volterra und Fra Lazzarino da Pisa sowie Giovanni delle Celle, einer der bedeutendsten Mönche von Vallombrosa zu dieser Zeit, gehörten zu den Anhängern Katharinas, ohne daß man sie zur »famiglia« im strengen Sinn zählen kann.

Zur »famiglia« gehörten aber nicht nur Mantellatinnen und Ordensmänner, sondern auch Laien. Die ungebildete Färberstochter, die kaum schreiben und lesen konnte, übte einen ungewöhnlichen Einfluß auf die »intellighentia« (C. Oddasso) aus: junge Adelige, Juristen, Politiker, Dichter und Maler.

Der Dichter Neri di Landoccio dei Pagliaresi zählt zu ihren treuesten Jüngern. Er stammte aus einer vornehmen, sienesischen Familie und hatte im Stadtviertel San Martino politische Ämter inne. Sein Freund Francesco Malavolti sagte über ihn im Prozeß von Castello, daß »er sehr tugendhaft und ein vortrefflicher Verfasser von Gedichten war, an denen ich mich zu jener Zeit sehr erfreute« (377). Neri bat Katharina um Aufnahme in ihren Jüngerkreis, und sie antwortete ihm: »Ihr batet mich, Euch als Sohn aufzunehmen, und ob ich auch eine Unwürdige, Elende und Armselige bin, so habe ich Euch schon aufgenommen und empfange Euch mit zärtlicher Liebe und verpflichte mich immer, jetzt und in Zukunft für jedes von Euch begangene oder noch zu begehende Unrecht vor Gott für Euch einzutreten. Aber ich bitte Euch, mein Verlangen zu erfüllen, das ist, daß Ihr mit Christus dem Gekreuzigten gleichförmig werdet, indem Ihr Euch völlig von der Gemeinschaft der Welt lossaget, wie es oben gesagt ist. Anders können wir die Gleichförmigkeit mit Christus nicht haben« (zitiert nach Levasti 104). Neri war Katharinas erster Sekretär und hat mit anderen zusammen den »Dialog« niedergeschrieben. Ihm ist es wohl zu verdanken, wenn die ungebildete Färberstochter in der italienischen Literatur ihrer Zeit einen hohen Rang einnimmt. Nach ihrem Tode lebte er als Einsiedler und begann, die »Legenda maior« zu übersetzen, starb aber vor ihrer Vollendung 1408. Aus dem Freundeskreis Neris schlossen sich einige bedeutende Männer der »famiglia« an. Gabriele di Davino dei Piccolomini aus der berühmten Familie Sienas, der auch Papst Pius II. entstammte, dürfte wohl von Katharinas Kreuzzugsplänen angezogen worden sein; denn sie schrieb ihm, er möge gegen seine geistigen Feinde mit dem Schwert der Geduld und dem Panzer der wahren Liebe kämpfen. »Von diesen Waffen spreche ich zu Dir, damit du mit ihnen ausgerüstet bist, wenn das Banner des heiligen Kreuzes gehißt wird« (Brief 128). Zeit seines Lebens war

Gabriele ein treuer Jünger Katharinas und verteidigte sie gegen Verleumdungen. »Er führte ein frommes Leben und starb eines seligen Todes« (Prozeß von Castello 90). Am 12. November 1399 wurde er in San Domenico unter dem Bild Katharinas begraben. Seinen Sohn Giovanni gewann die Heilige für den Dominikanerorden.

Von Francesco Malavolti wird noch in einem anderen Zusammenhang berichtet.

Cristofano di Gano Guidini war Politiker und Notar. Die Gespräche mit der Heiligen brachten ihn auf den Gedanken, in einen Orden einzutreten. Aber da seine Mutter dagegen war, besann er sich eines anderen und wollte heiraten. Katharina sollte ihm nun bei der Wahl einer Gattin helfen, da für ihn drei in Frage kamen. Sie schrieb ihm, daß sie gegen keine der drei Frauen etwas einzuwenden habe; er möge die wählen, die bereits einmal verheiratet gewesen wäre, wenn ihm das nichts ausmachte, oder die Tochter des Francesco Ventura. Cristofano entschied sich für die junge Witwe. Sein ganzes Leben lang blieb er ein treuer Verehrer Katharinas. Er schrieb »Erinnerungen« an die Heilige, sammelte ihre Briefe und übersetzte den »Dialog« ins Lateinische, um ihre Verehrung zu verbreiten.

Wahrscheinlich durch Cristofano oder auch durch ihren Bruder Bartolo wurde Katharina mit dem Maler Andrea Vanni bekannt, der wie die Benincasas der Volkspartei angehörte und die höchsten politischen Ämter in der Stadtrepublik Siena ausübte. Andrea malte das bekannte Bild unserer Heiligen, das sich jetzt in der Gewölbe-Kapelle von San Domenico befindet.

Stefano Maconi war wohl der Katharina am nächsten stehende Freund, der »Mamma« liebster Sohn. Er wurde um 1350 in Siena geboren. Wegen einer Familienfehde suchte er die Heilige auf und bat sie, Frieden zwischen den verfeindeten Familien zu stiften. »Sie empfing mich nicht wie eine scheue Jungfrau, wie ich erwartet hatte, sondern mit herzlicher Zuneigung, wie wenn man einen leiblichen Bruder, der von weither heimkehrt, freundlich aufnimmt«, schrieb Stefano über seine erste Begegnung mit ihr (Prozeß von Castello 259). Es entwickelte sich rasch eine freundschaftliche Beziehung, unter der beide auch zu leiden hatten. Stefano wurde von seinen Altersgenossen verspottet und von seiner Familie kritisiert. Katharina wurden wegen ihrer Zuneigung und Vorliebe für ihn von eifersüchtigen Anhängern Vorhaltungen gemacht. Stefano war einer ihrer ständigen Sekretäre und begleitete sie nach Avignon. Auf dem Sterbebett befahl sie ihm, bei den Kartäusern einzutreten, »weil Gott dich zu diesem Orden gerufen und erwählt hat« (Prozeß von Castello 261). Stefano wurde bald nach ihrem Tode Kartäuser in Pontignano (Toscana). Dort wie in Mailand und Pavia war er Prior. Von Seitz (Unter-Steiermark) aus leitete er als Generalprior von 1398 bis 1410 den Teil des Ordens, der auf seiten des römischen Papstes stand. Er trat von seinem Amt zurück, um den Weg freizumachen für die Wiedervereinigung des Ordens. 1424 starb er in der Kartause Pavia.

Barduccio di Piero dei Canigiani lernte Katharina 1378 in Florenz kennen. Seine Familie nahm in der Guelfenpartei von Florenz eine führende Stellung ein. Barduccio war als einer der ständigen Sekretäre an der Niederschrift des »Dialogs« beteiligt. Er begleitete die Heilige nach Rom. Gemäß ihrer Anordnung wurde er nach ihrem Tode Priester, starb aber schon bald in Siena und wurde am 9. Dezember 1382 in San Domenico begraben.

Es wären noch einige Namen aufzuzählen, »um Katharinas Vorliebe für Männer adliger Herkunft und politischen Ranges zu unterstreichen. Die Liste ist endlos. Die Tatsache, daß Leute dieses Schlages, Elegante und Ehrgeizige, Fromme und Sünder, von einer zerbrechlichen jungen Frau, die doch so wenig äußere Vorzüge besaß, derart angezogen wurden, ist bedeutsam« (de la Bedoyère 74).

Das neue Herz und der mystische Tod

Wie Christus es ihr zugesagt hatte, wuchs Katharinas Liebe zu ihm besonders durch ihre Sorge für die Mitmenschen.

Je tiefer sie an sich und anderen die barmherzige Liebe Gottes erlebte, um so schmerzlicher empfand sie ihr Ungenügen. Sie nahm immer feinfühliger selbst die kleinsten Regungen der Eigensucht wahr, die aus den tiefen Schichten der Seele aufsteigen. Sie erkannte in der Eigenliebe die Wurzel aller Sünde, denn um sich selbst kreisend weigert sich der Mensch, Gott als seinen Ursprung und Lebensspender anzuerkennen. Er leugnet seine Abhängigkeit vom Schöpfer und zerstört dadurch die eigene Würde, geliebtes Geschöpf und Ebenbild Gottes zu sein. Die Selbstsucht muß deshalb auf dem Weg der Selbstverleugnung (z.B. Mt 16,24) überwunden werden.

»Eine Seele«, erklärt Katharina ihren Freunden, »die stets unter den Augen Gottes lebt, liebt Gott ebenso innig, wie sie ingrimmig die Triebe in ihr, alle ungeordneten Gelüste und Abneigungen, haßt. Denn wenn ein Mensch Gott liebt, haßt er die Sünde, weil sie Auflehnung gegen Gott ist« (Raimund 80f). Damit meint sie, daß der Mensch mit der wachsenden Sehnsucht nach Gott gleichzeitig auch seine Enge und Begrenztheit, Egoismus, Trägheit und Widerspenstigkeit schmerzhaft zu spüren bekommt. Und je mehr er dann versucht, sich aus eigener Kraft zu bezwingen, umso stärker erlebt er sein Versagen, bis er sich ganz von sich abwendet und die Hilfe und Wandlung nur noch von Gott allein erhofft. So entsteht dann, wie Katharina sagt, der heilige Haß auf sich selbst.

Der Mensch erfährt seine Ohnmacht im Kampf gegen die Schwächen und muß seine Hilflosigkeit eingestehen. Aber eben in dieser erniedrigenden Einsicht ist er dann gegen alle Versuchungen und Anfechtungen am sichersten geschützt. »Es gibt nichts, was die Seele so stark und unersetzlich macht wie dieser heilige Haß, von dem der Apostel sprach, als er schrieb: ›Wenn ich schwach bin, bin ich stark‹ (2 Kor 12,10)« (Raimund 81). Diese demütige Selbsterkenntnis öffnet das Innerste für die Gnade und läßt die Liebe zu Gott wachsen.

Das Innerste des Menschen, sein Kern, ist nach biblischer Sicht das Herz. Durch den Propheten Ezechiel verheißt Gott seinem Volk, das sich gegen ihn versündigt hatte, Versöhnung und Neubeginn durch ein erneuertes Herz: »Ich schenke euch ein neues Herz und lege einen neuen Geist in euch. Ich nehme das Herz von Stein aus eurer Brust und gebe euch ein Herz von Fleisch« (Ez 36,26). Und Jesus lehrte seine Jünger, daß die Reinheit vor Gott nicht von der Befolgung bestimmter Vorschriften abhängt, sondern von der Lauterkeit des Herzens: »Aus dem Herzen kommen böse Gedanken, Mord, Ehebruch, Unzucht, Diebstahl, falsche Zeugenaussagen und Verleumdungen. Das ist es, was den Menschen unrein macht; aber mit ungewaschenen Händen essen, macht ihn nicht unrein« (Mt 15,19f). Katharina war auf ihr inständiges Bitten hin mit festem, unerschütterlichem Glauben beschenkt worden. Nun wünschte sie sich sehnlichst ein lauteres Herz, um noch empfänglicher und durchlässiger für seine Liebe zu sein. Der Höhepunkt in diesem Prozeß der Umwandlung und des Zusammenwachsens mit Christus verdeutlichte sich dann im Sommer 1370 wieder in einer Vision. In der Form des Wiederholungsgebetes hatte Katharina ständig den Psalmvers 51,12 meditiert: »Erschaffe mir, Gott, ein reines Herz und gib mir einen neuen, beständigen Geist!« Da erschien ihr Christus und nahm ihr das Herz aus der Brust. Einige Tage, so erzählt Raimund von Capua später, habe sie dann ohne Herz gelebt, bis Christus während eines Gottesdienstes der Mantellatinnen in der Gewölbekapelle der Dominikanerkirche wieder zu ihr kam, ihre Seite öffnete und ihr sein Herz gab. Dabei habe er ihr gesagt: »Schau, meine liebe teure Tochter, ich habe dir dein Herz genommen, um dir dafür meines zu geben. So wird es dir zu einem dauernden Leben schlagen« (Raimund 124).

Das Geschehen besagt, daß Katharina so sehr mit Christus eins geworden war, daß sie wirklich von sich sagen konnte: »Nicht mehr ich lebe, sondern Christus lebt in mir« (Gal 2,20). In ihr schlug jetzt Jesu Herz und sie war sich der Umwandlung deutlich bewußt. Sie erlebte sich als neuen Menschen, als »neue Schöpfung« (2 Kor 5,13). »Siehst du denn nicht, daß ich nicht länger diejenige bin, die ich einmal war, sondern daß ich mich in eine andere Person verwandelt habe?« (Brief an Tommaso della Fonte, zitiert nach van Doornik 46). Nach Raimunds Aussage behielt Katharina von diesem »wunderbaren Tausch« (124) eine Narbe über dem Herzen zurück. Das Geistige hatte in ihr so die Übermacht gewonnen, daß sich der mystische Vorgang auch auf ihren Körper übertrug.

Wie sehr sich die Vereinigung mit Gott bei ihr verleiblichte, zeigt auch ein anderes Phänomen ihres Lebens: Etwa seit dem zwanzigsten Lebensjahr konnte Katharina kaum mehr essen. Raimund von Capua berichtet dies und betont ausdrücklich den übernatürlichen Charakter dieser Abstinenz. Er unterscheidet ihre

Sodoma, Mystischer Tod (Siena, S. Domenico)

Nahrungslosigkeit von den strengen asketischen Übungen und deutet sie als Wirken des Heiligen Geistes. »Niemand soll sich etwa einbilden, Katharina habe es durch irgendwelche Übungen oder durch Gewöhnung fertiggebracht, so leben zu können. Auch soll niemand meinen, solches müsse jeder tun. Das sind äußerst seltene Dinge; sie fließen aus der Fülle des Geistes« (58).

Nicht nur in uns wecken solche Berichte Zweifel, auch Zeitgenossen Katharinas waren skeptisch und nahmen Anstoß an ihr. Man verdächtigte sie der Scharlatanerie, munkelte, sie sei besessen, oder hielt sie schlicht für eine Angeberin. Selbst unter den Mantellatinnen gab es Mitschwestern, die ihr mißtrauten oder sie wegen der außergewöhnlichen Begnadung beneideten. Sie beklagten sich über die ihnen anstößig erscheinenden, langen Ekstasen, in die Katharina nach jedem Kommunionempfang geriet, und bedrängten die Dominikaner mit ihren Verdächtigungen so sehr, daß man ihr eine Zeitlang die häufige Kommunion untersagte. Katharina wurde sogar einmal, als sie in entrücktem Zustand in der Kirche kniete, gewaltsam gepackt, »wie der letzte Wechselbalg vor die Kirchtür geworfen … und wütend mit den Füßen getreten« (Raimund 157).

Katharina war sich ihres großen Einflusses auf viele Menschen bewußt, und feinfühlig bemühte sie sich, Rücksicht zu nehmen. So versuchte sie, obwohl es ihr viele Schmerzen bereitete, gelegentlich Nahrung zu sich zu nehmen »wegen der Nörgler und all der Leute, die an ihrem Fasten Anstoß nahmen« (Raimund 122). Als Papst Urban VI. sie 1378 bitten ließ, nach Rom zu kommen, antwortete sie zunächst aus Siena: »Vater, mehrere von unseren Bürgern mit ihren Frauen und auch mehrere von den Schwestern meines Ordens nehmen wegen der zu vielen Reisen, wie es ihnen scheint, die ich bis jetzt gemacht habe, indem ich bald hierhin, bald dorthin ging, nicht geringen Anstoß an mir. Sie sagen, eine gottgeweihte Jungfrau dürfte nicht so überall herumlaufen … Weil ich nicht gerne Anstoß errege, will ich mich von mir aus nicht von hier wegbewegen« (Acta 945). Nachdem der Papst sie dann aber schriftlich zu sich befahl, reiste sie sofort ab.

Weil sie ständig in Gott versenkt lebte und daher nicht von Stimmungen und Launen beeinflußt wurde, wußte sie immer mit schlafwandlerischer Sicherheit das vor Gott Rechte und Angemessene zu tun. Gleichzeitig war ihr Verhalten den Mitmenschen gegenüber stets eindeutig, klar und wahrhaftig. Katharina besaß die Gabe der Unterscheidung, und sie wußte, wohl nicht zuletzt aus der Erfahrung eigener Irrwege und Übertreibungen in der Askese, wie wichtig die, wie sie sagt, »heilige Tugend der Besonnenheit« für das Gelingen geistlichen Lebens ist. Alles Tun muß so ausgerichtet und geordnet werden, daß es die Offenheit und

Bereitschaft für Gottes Willen und die Liebe und Vertrautheit mit Jesus fördert. Das gilt besonders für religiöse Übungen wie Fasten, Nachtwachen, Zurückgezogenheit und Schweigen. Dies sind begrenzte Mittel, die helfen können, Kontrolle über Körper und Geist zu gewinnen, so daß der Mensch innerlich frei wird für die Tugenden. Katharina mahnt, das Fundament des religiösen Lebens nicht auf Bußübungen, sondern auf die Praxis der Tugenden zu legen, die die Sehnsucht nach Gott stärken und die Liebe wachsen lassen. Geduld, Achtsamkeit, Ausdauer, Freundlichkeit, Gehorsam, Verantwortlichkeit und Demut sind für sie das Heilmittel gegen die Wurzel aller Sünde, den Eigenwillen.

In einem Brief an eine klausurierte Dominikanerin, die durch übertriebene Bußübungen in geistliche Verwirrung geraten war, schrieb Katharina: »Schon viele Büßer habe ich gesehen, die weder geduldig noch gehorsam waren, denn sie gingen nur darauf aus, den Leib zu ertöten, aber nicht ihren Willen … Das Bußwerk schneidet zwar zurück, aber die Wurzel, die stets wieder ausschlagen kann, findest Du noch in Dir: diese rotte aus!« (Brief an Schwester Daniela von Orvieto, zitiert nach Gnädinger 171f).

Im »Dialog« läßt Katharina Gott das Verhältnis zwischen äußeren Werken der Buße und inneren Tugendhaltungen erklären: »Mir ist weder der wohlgefällig, der mit bloß tönendem Wort mich anruft und versichert: Herr, Herr, ich möchte etwas für dich tun, noch jener, der seinen Leib mit vielen Kasteiungen zu peinigen unternimmt, ohne dabei den Eigenwillen abzutöten. Was Ich fordere, sind die vielen Akte tapferen und geduldigen Ertragens und die … Erweise der inneren Tugenden … Ich, der Unendliche, verlange unbegrenzte Werke, nämlich grenzenloses Liebesbegehren. Ich will, daß die Kasteiungen und andere körperlichen Werke als Hilfsmittel betrachtet werden und nicht als das selbstwertig Angestrebte … Einzig auf die Kraft der Liebe kommt es an« (17f).

Die Kraft der Liebe hatte Katharinas Herz gewandelt, Jesus war ihr Mittelpunkt geworden, und er konnte frei in ihr und durch sie wirken. Jesus hatte sie aus der Stille ihrer Kammer in das laute, betriebsame Leben des Elternhauses und Stadtviertels geschickt. Es drängte sie, den Bedürftigen und Notleidenden ihrer Familie und in der Nachbarschaft zu dienen.

Katharina strahlte die Liebe Christi wirklich aus und zog dadurch Suchende, Verirrte und geistlich ringende Menschen an, deren sie sich als wahre Seelsorgerin mütterlich und herzlich annahm. Um Jesu willen würde sie bald in das politische Geschehen eingreifen, Pestkranke pflegen, Frieden stiften und für eine erneuerte, einige Kirche kämpfen. Katharina hatte Anteil am ganzen Leben Jesu, seiner Predigt und Belehrung, seinem Gebet und der Sorge um das leibliche und geistliche Heil der Menschen, an seiner Liebe und Friedfertigkeit, und besonders auch an seinem Leiden.

Viele Jahre ertrug sie ständig starke Kopfschmerzen und zeitweise auch Brust- und Unterleibsschmerzen. Ihr schwacher, durch die vielen mystischen Gnaden und den rastlosen caritativen und seelsorglichen Einsatz extrem belasteter Körper trug sie oft kaum noch. Doch hielt sie die Schmerzen nicht nur geduldig aus, sondern wollte ihr Leiden bewußt mit dem Leiden und Sterben Jesu verbinden. Denn sie erfuhr, daß ihr bereitwilliges Leiden dadurch Anteil an der erlösenden Kraft seines Kreuzes bekam.

Darum sehnte sie sich sogar danach, noch mehr erleiden zu dürfen. Dieses Verlangen widerstrebt unserem natürlichen Empfinden. Doch geht es hier nicht um eine krankhafte Lust am Leiden an sich, sondern um den Mitvollzug der sich bis in Kreuz und Tod hingebenden Liebe Jesu. Katharinas Bereitschaft zum Leiden machte sie zu einem barmherzigen Menschen, der sich von den Bedrängnissen und Nöten des Nächsten mitleidend betreffen ließ und dafür verantwortlich fühlte. Ihre Leidensmystik ist keine obskure, verstaubte Frömmelei, sondern eine ernste Anfrage an unsere so leidensscheue und gleichzeitig von Qual, Unrecht und Elend überquellende Zeit. Die »Gemeinsame Synode der Bistümer in der Bundesrepublik Deutschland (1976)« fordert dazu auf, »das anonym verhängte Leidensverbot in unserer ›fortschrittlichen‹ Gesellschaft zu durchbrechen. Es geht nicht darum, den notwendigen Kampf gegen das Leid zu behindern. Vielmehr geht es darum, uns selbst wieder leidensfähig zu machen, um so auch am Leiden anderer zu leiden und darin dem Mysterium des Leidens Jesu nahezukommen, der gehorsam geworden ist bis zum Tod (Phil 2,8), um uns die Umkehr zu Gott und so die wahre Freiheit zu ermöglichen« (Unsere Hoffnung 89).

Der Künstler Josef Beuys antwortete einmal auf die Frage nach der Bedeutung Christi für den Leidenden für heute: »Er (Christus) zeigt auf, daß gerade das Leiden dem Menschen hilft. Der im Leiden verharrt, auch der führt die Welt selbstverständlich weiter, er bereichert die Welt dennoch. Es wäre eine große Frage, wer die Welt mehr bereichert: die Aktiven oder diejenigen, die leiden? Ich habe ja immer unterstrichen: die Leidenden. Der Aktive mag Unermeßliches für die Welt erreichen. Aber ein krankes Kind, das sein Leben lang im Bett liegt und gar nichts tun kann, das leidet und erfüllt durch sein Leiden die Welt mit christlicher Substanz. Denn durch das Leiden wird die Welt real mit christlicher Substanz erfüllt. Also hat das Leiden eine wichtige Funktion« (F. Mennekes, Beuys zu Christus 44).

Katharina verstand das Leiden als eine Tat der Liebe mit großer wandelnder Kraft. Lieben und Leiden war für sie eins geworden. Im August 1370 wurde ihr Körper so schwach, daß sie nur noch liegen konnte. Ihre reißenden Herzschmerzen ließen sie ständig an das körperliche Leiden Jesu am Kreuz denken. Immer wieder betete sie, »laß mich mit dir dein Leiden teilen, das du bis zum letzten Augenblick deines Lebens erduldet hast. Kann ich mich noch nicht mit dir im Himmel vereinen, so gib mir dafür dein Leiden hier auf Erden, und ich will mich so mit dir vereinigen!« (Raimund 128). So steigerte sich ihre Liebe bis ins Unendliche. Im Beisein einiger Mantellatinnen, die sie pflegten, und der schnell herbeigerufenen Mitbrüder Tommaso de la Fonte, Tommaso da Siena und Bartolomeo Montucci, durchlebte sie ihren mystischen Tod. »Die Energie der Liebe brach das Herz der Jungfrau Katharina, ihre Lebensadern sprangen und sie hauchte ihr Leben aus« (Raimund 128). Die bestürzten Brüder und Schwestern bezeugten später alle, daß Katharina etwa vier Stunden ohne Atem und Herzschlag gewesen sei, bevor sie wieder langsam aus diesem Zustand erwachte. Das Ereignis wirkte auf einige Mitglieder ihrer geistlichen Familie so schockierend, daß sie sich danach von ihr trennten.

Raimund von Capua hatte sie später ausführlich über das mystische Sterben befragt. Was sie ihm weinend darüber mitgeteilt hat, läßt an heutige Berichte von Menschen denken, die kurze Zeit klinisch tot waren und dann wiederbelebt wurden. Diese Reanimierten schildern in ihren Sterbeerlebnissen den Austritt ihres Bewußtseins aus dem Körper und beschreiben Licht- und Glückserfahrungen. Sie berichten, wie schmerzlich ihre Rückkehr in den Körper war, und sprechen von einer großen Sehnsucht nach der anderen Wirklichkeit, die sie nach der Wiederbelebung nicht mehr verlassen hat (vgl. J. C. Hampe, Sterben ist doch ganz anders. Erfahrungen mit dem eigenen Tod, Stuttgart 1975).

Auch Paulus spricht von sich als dem Menschen, der »in das Paradies entrückt wurde; ob es mit dem Leib oder ohne den Leib geschah, weiß ich nicht, nur Gott weiß es. Er hörte unsagbare Worte, die ein Mensch nicht aussprechen kann« (2 Kor 12,2). Katharina berichtete Raimund: »Das Herz hörte zu schlagen auf … und die Seele löste sich vom Körper los … meine Seele … glaubte, jetzt das Licht der ewigen Welt zu erblicken« (129). Sie weinte drei Tage ununterbrochen vor Kummer, daß sie aus der Anschauung Gottes in das irdische Leben zurückkehren mußte. Christus habe ihr bedeutet, daß sie um der anderen Menschen willen weiterleben und jetzt nicht nur ihre Kammer, sondern auch Siena in seinem Auftrag verlassen müsse. »Du wirst meinen Namen verherrlichen und meine Lehre vor die Kleinen und Großen, ob Laien oder Kleriker und

Ordensleute, tragen. Ich werde dir die Gabe der Rede und Weisheit geben, der niemand widerstehen kann. Ich werde dich vor Päpste und Leiter der Kirchen sowie vor die Lenker des christlichen Volkes führen, um den Stolz der Mächtigen durch die Schwachen zuschanden zu machen« (Acta 915).

Katharina spürte die Erneuerung und Intensivierung, die ihre Sendung durch das mystische Sterben erfuhr, denn sie betonte, daß sie von jetzt an nur noch um des Heiles der Kirche und der Menschen willen lebte. Sie hatte den Himmel erlebt und litt nun um so mehr bei dem Gedanken an die Menschen, die die Seligkeit verlieren könnten. Oft flehte sie, »daß Gott sie in das Tor der Hölle stellen möge, damit sie die Sünder hindern könne, hineinzugehen« (Drane 106). Von daher wird die Radikalität, Dringlichkeit und Kühnheit verständlich, mit welcher sie in den ihr noch verbleibenden zehn Lebensjahren ihren Auftrag erfüllte. »Ich habe die Herrlichkeit der Heiligen und die Strafen der Sünder gesehen und erkannt ... Doch ehe ich vielen Seelen geholfen hatte, durfte ich noch nicht sterben. Kann es da jemanden überraschen, daß mir seither nichts näher am Herzen liegt, als all die Männer und Frauen, die mir der Allerhöchste anvertraut hat, damit ich sie mahne und vom Bösen zum Guten wende! Ich habe wahrhaftig keinen geringen Preis dafür bezahlt (vgl. 1 Kor 5,20); ihretwegen hat mich der Herr verbannt (vgl. Röm 9,3), ihretwegen bleibe ich auf ungewisse Zeit von seiner Herrlichkeit ausgeschlossen« (Raimund 129f).

Bekehrungen

Bei den Angehörigen der »famiglia« sind uns schon einige begegnet, die durch Katharinas Einfluß ihr Leben änderten, sich von einem unchristlichen Lebenswandel bekehrten oder begannen, ihre Ordensregeln treuer zu befolgen. Wir werden dadurch aufmerksam gemacht auf eine wesentliche Aufgabe ihrer prophetischen Sendung: die Mahnung zur Umkehr und die Warnung vor der Anpassung an die gottfeindliche Welt. Der mittelalterliche Mensch glaubte an Gott, aber er sündigte auch kräftig und versuchte, mit Frömmigkeit die Sünden zu überdecken, ohne sich zu bekehren. »Es ist eine böse Welt. Das Feuer des Hasses und der Gewalt lodert hoch empor, das Unrecht ist mächtig... Aber die Menschen bekehren sich nicht« (Huizinga 29). Katharina sagt in ihren Briefen immer wieder, daß die Eigensucht die Ursache der Sünde sei und das soziale Gefüge zerstöre. Gott, der dem reuigen Sünder verzeiht, verabscheut die Sünde. So läßt unsere Heilige Gott Vater im »Dialog« klagen: »Wohin du dich auch wendest, bei Laien und Ordensleuten, Klerikern und Prälaten, Kleinen und Großen, Jungen und Alten, bei jeder anderen Art von Leuten siehst du nichts anderes als Ärgernis; und alle sprühen Mir Gestank von Todsünde entgegen« (Nr. 121, zitiert nach Hirtz 96).

Durch ihr Wort und vorbildliches Leben nach dem Evangelium bewirkte die heilige Katharina die Bekehrung vieler Menschen. »Sie wirkte so anziehend auf Personen jeden Geschlechtes, Standes und Berufes, daß sie diese zum Guten umwandelte und zu Gott zurückführte«, schreibt Tommaso da Siena (Supplementum 66).

Um das Jahr 1370 beginnen ihre Beziehungen zu den großen Sündern, d.h. zu Menschen, die von Gott nichts wissen wollen und ihren Mitmenschen Schaden zufügen. Die Bekehrungen erregen großes Aufsehen in Siena. Es seien hier einige angeführt von den vielen, die überliefert wurden. Da ist zunächst einmal Andrea di Naddino dei Bellanti zu nennen, »der sehr reich war an irdischen Gütern, aber sehr arm an geistlichen. Er lebte ohne jede Gottesfurcht und Gottesliebe. Er war umgarnt von einem Netz aus Sünden und Lastern. Ganz dem Würfelspiel ergeben, war er zu einem widerlichen Gotteslästerer geworden«, schreibt Raimund von Capua (Acta 917). Im Dezember 1370 erkrankte er schwer, lehnte es aber ab, die Sakramente zu empfangen. Seine Frau ließ Tommaso della Fonte kommen, der aber auch nichts ausrichten konnte. Tommaso bat Katharina um ihr fürbittendes Gebet. »Entzündet vom Feuer der Liebe und ergriffen vom Mitleid«, betete sie die ganze Nacht (Acta 917). Sie machte es wie der hl. Dominikus, der nächtelang um die Bekehrung der Sünder gebetet hatte. Als die Heilige am frühen Morgen ihr Gebet beendete, bekehrte sich Andrea plötzlich. Er ließ einen Priester kommen, beichtete mit tiefer Zerknirschung und starb in Frieden.

Monna Rabe, die Witwe des Francesco dei Tolomei, eines der bedeutendsten sienesischen Patriziers, lud Katharina in den Palazzo Tolomei ein, damit sie ihre Töchter Ghinoccia und Francesca von ihren lächerlichen Eitelkeiten abbringe. »Der Körperpflege und der Liebe zur vergänglichen Welt waren sie gänzlich hingegeben«, berichtet Tommaso da Siena (Prozeß von Castello 40). Mit ihrem Gebet und mit ihren Worten konnte die Heilige die beiden jungen Frauen für ein anderes Leben überzeugen. Sie ließen alle Eitelkeiten der Welt, schnitten sich die blondgefärbten Haare ab und nahmen das Gewand der Bußschwestern des hl. Dominikus. Als Giacomo dei Tolomei hörte, daß seine Schwestern Mantellatinnen geworden waren, kehrte er wütend nach Siena zurück. Er hatte wohl schon daran gedacht, die schöne Ghinoccia mit einem Manne aus einer bedeutenden Familie zu verheiraten. Seinem jüngeren Bruder Matteo gegenüber sprach er die Drohung aus, er werde seiner Schwester den Habit vom Leibe reißen und sie in einer Burg auf dem Lande einschließen. Als Matteo meinte, wenn er Katharina begegnete, würde er sich auch bekehren, fluchte Giacomo furchtbar und sagte: »Eher bringe ich alle Ordensleute und Priester um, als daß ich vor einem von ihnen in die Knie gehe« (Raimund von Capua – Acta 920). Monna Rabe, die die Gewalttätigkeit ihres Sohnes fürchtete, ließ den Beichtvater Katharinas rufen. Tommaso della Fonte brachte gleich Fra Bartolomeo mit. Sie diskutierten vergeblich mit dem wilden Giacomo. Währenddessen betete Katharina inständig für die Bekehrung des Tolomei. Und plötzlich, dem Diskussionsverlauf nach völlig unerwartet, änderte er seine Meinung. »Er erlaubte nicht nur, daß Ghinoccia Gott allein diene, sondern auch er selbst beichtete voller Beschämung und unter großen Schmerzen seine eigenen Sünden. Um eine Redewendung der Jungfrau zu gebrauchen, er erbrach das ganze Gift, das er in der Seele hatte… Aus dem Wolf wurde ein Lamm, aus dem Löwen ein Hündchen« (Acta 920). Giacomo führte fortan ein friedliches und christliches Leben. Seine Mutter Rabe schloß sich auch den Mantellatinnen an. Matteo Tolomei trat

Siena – Palazzo Tolomei

in den Dominikanerorden ein; er starb 1408 in Venedig. Raimund von Capua bezeichnet ihn als guten Ordensmann.

Eines Tages im Februar 1371, als Katharina sich bei Alessia im Haus der Saracini aufhielt, wurden zwei zum Tode verurteilte Verbrecher in einem Karren am Hause vorbei zur Hinrichtungsstätte gebracht. Von den Henkern mit glühenden Zangen gebrannt, schrien sie laut und verfluchten Gott und die Heiligen. Als Katharina die verzweifelten Schreie hörte, warf sie sich auf die Knie und betete unter Tränen: »Gütigster Herr, warum verachtest du dein Geschöpf, nach deinem Bild und Gleichnis geschaffen und barmherzig erlöst mit deinem kostbaren Blut, indem du zuläßt, daß sie körperlich gequält und von den Geistern der Unterwelt grausam gepeinigt werden?... Ich beschwöre dich bei deiner großen Barmherzigkeit, diesen beiden Seelen schnell zu helfen« (Acta 918). Die beiden Verurteilten bekehrten sich und starben im Frieden mit Gott.

In jenen Jahren wurden auch oft unschuldige Menschen hingerichtet, nur weil sie einer anderen politischen Partei angehörten als der, die gerade die Macht innehatte, oder weil sich die Machthaber gekränkt fühlten. So wird überliefert, daß Agnolo d'Andrea zum Tode verurteilt wurde, weil er zu einem Festmahl, das er veranstaltete, keinen der »Riformatori« eingeladen hatte. Katharina konnte gegen solche Ungerechtigkeiten nur protestieren. Sie schrieb den Regierenden von Siena: »Ich habe öfters die Erfahrung gemacht und mache sie noch, daß man aus Mangel an Erkenntnis dort Vergehen bestraft, wo keine sind, und jene Vergehen ungestraft dahingehen läßt, die wegen ihrer Gottlosigkeit und Bosheit tausendmal den Tod verdienten. Der Mangel an Erleuchtung verhindert die Erkenntnis der Wahrheit und sieht dort Ehrverletzung, wo keine ist« (zitiert nach Käppeli 262).

Die Heilige nahm sich der Verurteilten an, versuchte sie zu trösten und ihnen die Versöhnung mit Gott zu vermitteln. Sie verbrachte ganze Nächte in Gefängnissen, um denen beizustehen, die am Morgen hingerichtet wurden.

Der bekannteste Fall ist der eines jungen Adeligen aus Perugia: Niccolò di Toldo. Im Jahre 1375 wurde er zum Tode verurteilt, weil er einen der »Riformatori« verdächtigt hatte, die Amtsgeschäfte schlecht geführt zu haben. Der junge Mann war wegen der unerhört schweren Strafe verzweifelt und gebärdete sich wie »der wildeste Löwe« (Prozeß von Castello 43). Weil sie sonst nichts erreichen konnte, richtete sich die ganze Sorge unserer Heiligen auf das ewige Heil des Unglücklichen. Sie berichtete Raimund darüber in einem Brief: »Ich habe den besucht, von dem Ihr wißt: und es stärkte und tröstete ihn so sehr, daß er beichtete und in guter Verfassung war. Er bat mich um Gottes Willen zu versprechen, daß ich, wenn die Zeit der Hinrichtung gekommen wäre, bei ihm sei; ich versprach und hielt es. Am Morgen, vor dem Zeichen der Glocke, begab ich mich zu ihm; und es verschaffte ihm starken Trost. Ich führte ihn zur Messe, und er empfing die hl. Kommunion, die er nie mehr empfangen hatte ... Ich erwartete ihn also am Richtplatz; und wartete dort in stetem Gebet und der Gegenwart von Maria und Caterina, der Jungfrau und Märtyrerin. Bevor er ankam, kniete ich mich selbst hin und legte den Hals auf den Block... Dann kam er wie ein sanftes Lamm; und als er mich sah, lächelte er und wollte, daß ich das Zeichen des Kreuzes über ihn mache. Und nachdem ich es getan hatte, sagte ich: »Wohlan! Zur Hochzeit, mein liebster Bruder, denn bald wirst du zum ewigen Leben gelangt sein!« Er kniete nieder mit großer Sanftmut; ich entblößte ihm den Hals und beugte mich zu ihm nieder und erinnerte ihn an das Blut des Lammes. Nichts anderes brachte sein Mund hervor als ›Jesus‹ und ›Caterina‹. Und so empfing ich sein Haupt in meine Hände« (zitiert nach Gnädinger 116–118).

Francesco Malavolti hat für den Prozeß von Castello (377–383) einen anschaulichen Bericht seiner Bekehrung verfaßt. Er war ein reicher und stolzer junger Adeliger, der von einem Vergnügen zum anderen eilte. Obwohl er mit einem »adeligen Mädchen von 15 Jahren, wohlgestaltet und schön an Leib und noch mehr an Tugend und Geist« verheiratet war, suchte er immer wieder andere Frauen zu verführen. Als er auf wiederholtes Drängen seines Freundes Neri di Landoccio dei Pagliaresi Katharina aufsuchte, war er 25 Jahre alt und dachte nicht daran, sein Leben zu ändern. »Wir beiden gingen zur glorreichen Jungfrau. Sobald ich ihr Gesicht erblickte, überfiel mich eine schreckliche Angst, so daß ich vor Zittern fast gestorben bin! Und wie ich oben sagte, hatte ich weder den Gedanken noch den Vorsatz zu beichten. Bei ihrem ersten Wort verwandelte Gott mein Herz auf wunderbare Weise, so daß ich sofort zur Beichte ging. Dieser erste Besuch war so wirksam, daß ich ganz in das Gegenteil von dem verwandelt wurde, was ich vorher war.« Aber Francesco wurde manchmal wieder schwach und fiel in seine alten Laster zurück. Die Heilige verstand es immer wieder, ihn auf den rechten Weg zurückzuführen. Als Katharina nach langer Abwesenheit aus Avignon zurückkehrte, »ging ich sofort zu ihr, um mit ihr zu reden, aber nicht ohne große Scham und Angst. Aber sie empfing mich wie eine gütige und liebevolle Mutter mit freundlichem Gesicht und stärkte mich in meiner Schwachheit.« Nach dem Tode seiner Frau und seiner Kinder wollte er zuerst in den Ritterorden der Johanniter eintreten, aber Katharina erschien ihm nachts im Traum und befahl ihm, Benediktiner in Monte Oliveto Maggiore bei

Siena zu werden, was er auch 1388 tat. Papst Gregor XII. ernannte ihn 1411 zum Abt von Sant'Emiliano in Coniuntoli bei Sassoferrato. Für den Prozeß von Castello verfaßte er 1413 einen wertvollen Bericht über seine Erfahrungen mit der Heiligen.

Die Begegnungen mit der heiligen Mantellatin, die keine Ordensgelübde abgelegt hatte und dennoch nach den evangelischen Räten lebte, bewirkte bei vielen Ordensleuten eine Besinnung auf die ursprüngliche Strenge ihrer Regel, bei einigen führte sie zu einer aufsehenerregenden Bekehrung.

Fra Bartolomeo hat im Prozeß von Castello (331–334) über die Bekehrung des Fra Lazzarino da Pisa berichtet. Dieser Franziskaner war ein Anhänger der Lehre des hl. Thomas von Aquin und lehrte mit großem Erfolg Philosophie in Siena. Auch als Prediger genoß er großes Ansehen. Da die Franziskaner die Inquisitoren von Siena stellten, übte er auch dieses Amt aus. Je mehr man in der Stadt mit Verehrung von Katharina sprach, umso mehr erfaßte ihn der Neid. Ohne sie zu kennen, sprach er abfällig von der Heiligen in der Öffentlichkeit, auch in der Predigt. Ihre Anhänger im Dominikanerkloster kritisierte er scharf. Am Vigiltag der hl. Katharina von Alexandrien, dem 24. November 1368 oder 1369, ließ er sich von Fra Bartolomeo in die Fontebranda zu Katharina führen: »Als wir in ihre Zelle eingetreten waren, setzte sich Fra Lazzarino auf eine Truhe, sie selbst setzte sich zu seinen Füßen auf den Boden.« Nach einer Weile des Schweigens sagte er: »Ich habe viel Gutes über deine Heiligkeit gehört und daß du vom Herrn die Gabe empfangen habest, die heiligen Schriften zu verstehen. Darum bin ich gerne zu dir gekommen, weil ich hoffe, etwas Erbauliches und Tröstliches für meine Seele zu hören.« Sie aber antwortete: »Ich habe mich über euren Besuch gefreut und glaube, daß der Herr euch geschickt hat, der ihr die Kenntnis der heiligen Schrift habt …, um meine arme Seele zu trösten.« Beim Weggehen sagte Fra Lazzarino gewohnheitsmäßig zu ihr: »Bete für mich.« Von da an hatte er keine Ruhe mehr, fiel in tiefe Traurigkeit und hörte nicht mehr auf zu weinen, so daß er die Vorlesung abbrechen mußte. Als er nach dem Grund seines Zustandes forschte, hörte er in sich eine Stimme sagen: »Hast du so schnell vergessen, wie du gestern meine treue Dienerin Katharina hochmütig verachtet und dich heuchlerisch ihren Gebeten empfohlen hast?« Es wurde ihm alles klar, und sofort wich die Traurigkeit. Am nächsten Morgen eilte er zu Katharina und warf sich ihr zu Füßen. Sie bat ihn aufzustehen und sich in ihrer Zelle hinzusetzen. Er setzte sich diesmal auf den Boden. Beide sprachen lange miteinander. Als sie ihm sagte, »daß er aus den heiligen Schriften die Wege Gottes besser kenne als sie, antwortete er, daß er sie nur in der

Rinde kannte, sie aber im Mark kostete.« Auf seine Bitten hin gab sie ihm den Rat: »Der Weg des Heiles für eure Seele besteht darin, die Eitelkeit der Welt und alle weltlichen Ehren zu verachten, auf Geld und alles Überflüssige zu verzichten, nackt und demütig Christus, dem Gekreuzigten, und eurem seligen Vater Franziskus zu folgen.« Das angesammelte Geld und die überflüssigen Kleidungsstücke gab er den Armen. Er behielt nur die Bücher, die er zum Predigen brauchte. »Aus dem Saulus wurde ein Paulus, aus dem Hochmütigen ein Demütiger, aus dem Verfolger (Katharinas) ein Verteidiger«, schrieb Fra Bartolomeo. Fra Lazzarino zog sich in eine Einsiedelei zurück, aus der er nur herauskam, um zu predigen.

Fra Gabriele da Volterra war der gelehrteste Franziskaner jener Zeit und der bekannteste Prediger seines Ordens. Seit 1371 hatte er das Amt des Provinzials inne und war gleichzeitig Inquisitor von Siena. Zusammen mit dem Augustinereremiten Giovanni Tantucci begab er sich zu Katharina. »Die beiden Mönche gingen zusammen zum Hause der Benincasas – zwei Träger des theologischen Doktorhutes, dem Symbol der Überlegenheit über eine Frau, die nie schreiben und erst in späteren Jahren mühsam lesen gelernt hatte« (van Doornik 52). Francesco Malavolti hat im Prozeß von Castello (386–390) einen anschaulichen Bericht von der Bekehrung dieser beiden Ordensmänner gegeben.

Die Heilige führte mit den Frauen und Männern der »famiglia« gerade ein geistliches Gespräch, als sie es plötzlich unterbrach und zu Fra Tommaso della Fonte sagte: »Gleich werdet ihr sehen, wie zwei große Fische ins Netz gehen.« Die beiden traten auch schon bald ein. »Wie zwei wilde Löwen… begannen die oben genannten Magistri der reinen Jungfrau sehr schwierige theologische Fragen zu stellen.« Diese gelehrten und hochmütigen Männer wollten die Färberstochter hereinlegen, um sie der Häresie zu überführen und dann mundtot zu machen. »Aber der Heilige Geist, der die nicht im Stich läßt, die auf ihn vertrauen, verließ seine demütige Dienerin nicht, sondern verlieh ihr Weisheit und Stärke, so daß sie nicht nur diese beiden, sondern alle, auch wenn es tausend oder zehntausend gewesen wären, zurückwies und einen großen Sieg über sie davontrug … Mit strahlendem Gesicht und von göttlichem Eifer entflammt wandte sie sich den genannten Magistern zu: Laßt ab von eurer aufgeblähten Wissenschaft, die euch das Verderben und den anderen wenig Nutzen bringt.« Sie warf ihnen vor, nicht bis zum Kern des Glaubens vorzudringen, sondern bei Äußerlichkeiten stehenzubleiben und das zu lehren, was den Menschen gefalle, um von ihnen Lob zu ernten. »Um der Liebe Christi, des Gekreuzigten willen macht es nicht mehr so.« Durch die Worte der Heiligen wurden die beiden

Ordensmänner erschüttert und umgewandelt. Fra Gabriele reagierte sofort. Er gab zwei jungen Männern der »famiglia« den Schlüssel seines Zimmers mit dem Auftrag, alles auszuräumen und den Armen zu geben und nur das Brevier zu lassen. Der Franziskaner hatte aus drei Zellen eine machen lassen und sie luxuriös ausgestattet, daß es für »einen Kardinal noch übertrieben gewesen wäre«. So hatte er ein »sehr nobles Bett mit Seidenvorhängen« und viele andere Dinge, die Hunderte von Dukaten gekostet hatten. Fra Gabriele bekehrte sich zu einem demütigen Ordensmann, der sich ehrlich bemühte, nach dem Vorbild des hl. Franziskus zu leben.

Fra Giovanni hatte keine Reichtümer wegzugeben, aber er stellte sich ganz Katharina zur Verfügung.

Eintritt in die Politik

»Das große Wunder ihres Lebens sind nicht ihre Leiden, Ekstasen, außerordentlichen Heilungen, es ist ihre öffentliche Wirksamkeit« (Leclercq 67). Katharina erkannte ihre prophetische Berufung in einem Gespräch mit Christus, wie uns Raimund überliefert. Wie alle Propheten schreckte sie davor zunächst zurück. Der Herr mußte sie darin erinnern, daß sie ja in den Dominikanerorden eingetreten war und damit eine Sendung zu den Menschen übernommen hatte. Sie fragte ihn daraufhin: »Wie kann das sein, was du eben zu mir gesagt hast, daß ich mich den Menschen nützlich erweisen könne? Ich bin doch nur ein armseliges Ding und das gebrechlichste von allen. Ich bin eine Frau, mein Geschlecht steht allem derartigen vielfach im Wege, du weißt ja, wie geringschätzig die Männer von den Frauen denken, wie sehr es gegen die Schranken des Anstands verstößt, wenn Frauen mit Männern von gleich zu gleich verkehren wollen! Er versetzte: Bin nicht ich es, der alle Menschen erschaffen hat, Männer und Frauen? Kann ich die Gnade meines Geistes nicht ausgießen, wo ich will? Vor mir gibt es weder Mann noch Frau, weder gemein noch vornehm (vgl. Gal 3,28; 1 Kor 12, 13; Kol 3,11), alles ist für mich gleich, denn alles steht gleicherweise in meiner Macht… Wie ich einst zu den Juden und zu den heidnischen Völkern unbeholfene, aber mit meiner Weisheit ausgerüstete Männer gesandt habe, so will ich heute Frauen schicken, die von Natur aus unwissend und gebrechlich sind, doch werde ich sie mit göttlicher Weisheit ausstatten, so daß sie den Hochfahrenden eine beschämende Lehre erteilen werden« (Raimund 98f). Von Ausnahmen abgesehen, wie Königin Johanna von Neapel, war Politik damals eine Sache der Männer, vor allem in den Stadtrepubliken und in der Kirche. Erst recht mußte eine junge Frau aus dem Volke, eine »popolana«, vor einer Wirksamkeit in der Öffentlichkeit zurückschrecken. Katharina kannte die Probleme, die aus einer politischen Aufgabe erwachsen konnten. Sie entstammte einer politisch engagierten Familie. Ihr Vater und ihre Brüder waren Mitglieder der »Volkspartei«, die die Regierung der »Zwölf« (1355–1368) stellte. Ihr Bruder Bartolo gehörte zeitweise dem Rat der »Zwölf« an. Im Herbst 1368 gab es einen Volksaufstand gegen die »Zwölf«. Nach dem Umsturz wurden Katharinas Brüder verfolgt, und sie mußte sie in Sicherheit bringen, wie die »Miracoli« (12f) erzählen: »Es geschah in einem jener Jahre, da in Siena die Herrschaft wechselte und die Brüder dieser Katharina Feinde und Gegner der Partei waren, welche zur Zeit der Unruhe obsiegte, und ihre Feinde nach ihnen suchten, um sie entweder zu töten oder ihnen Übles zu tun, wie sie den anderen taten. Da kam ein ihnen teurer Freund in ihr Haus und sprach in großer Eile: ›Die und die Rotte Eurer Feinde steht im Begriff, hierherzukommen, um Euch Übles anzutun, und darum kommt sogleich mit mir, und ich werde Euch in der Kirche von S. Antonio in Sicherheit bringen‹ – die nahe bei ihrem Hause war. Bei diesen Worten erhob sich Katharina, die dabei zugegen war, und sprach zu diesem Freund: ›Das werden sie nicht tun, daß sie nach S. Antonio kommen. Und es jammert mich auch sehr um die, welche dort sind.‹ Und sie sprach zu dem Freund, er solle mit Gott gehen. Und als er gegangen war, nahm Katharina ihren Mantel, legte ihn um und sprach zu ihren Brüdern: ›Kommt mit mir und fürchtet euch nicht.‹ Sie aber trat in ihre Mitte. Und sie führte sie geraden Weges durch die Gegend, wo ihre Feinde waren, und als sie diese antrafen und mitten durch sie hindurchgingen, die sich mit Ehrerbietung vor ihr neigten, kamen sie heil und sicher davon. Und sie führte sie in das Hospital von Santa Maria zu Siena, und hier empfahl und überließ sie sie dem Vorsteher des Hospitals und sprach zu ihnen: ›Bleibet hier drei Tage verborgen, und nach drei Tagen könnt ihr sicher nach Hause gehen.‹ So taten sie. Nach drei Tagen war die Stadt wieder in Frieden. Und alle, sie sich in jene Kirche des heiligen Antonius geflüchtet hatten, waren entweder tot oder gefangen. Und als dann dieser Aufruhr sich wieder gelegt hatte, wurden die genannten Brüder der Katharina zu hundert Goldgulden verurteilt und zahlten sie und blieben in Frieden« (zitiert nach Levasti 78f). Siena hatte aber noch keinen Frieden. Die Kämpfe gingen weiter. Kaiser Karl IV. griff ein. Viel Blut floß in den Straßen der Stadt. Es wurde eine Koalitionsregierung auf breiter Mehrheit gebildet: die »Riformatori«. Zu den fünfzehn Mitgliedern dieser Regierung gehörte im Mai und Juni 1370 auch Katharinas Bruder Bartolo. Aber noch im selben Jahr mußte er nach Florenz emigrieren, wohin seine Brüder Benincasa und Stefano bereits übergesiedelt waren. Sie dachten wohl nicht mehr an eine Rückkehr nach Siena, denn sie beantragten am 14. Oktober 1370 in Florenz das Bürgerrecht (Documenti 26–28).

Mit dem Jahr 1370, nach dem mystischen Tod, beginnt eigentlich erst Katharinas öffentliche Wirksamkeit, ihr Eintritt in die Politik. Wenn von »Politik« die Rede ist, darf das nicht in dem Sinne verstanden werden, als habe Katharina Politikerin werden und ein entsprechendes Amt anstreben wollen. Ihr Anliegen

Siena – Palazzo Pubblico

war die Ausbreitung des Reiches Gottes und damit das Heil des ganzen Menschen. Für ihr politisches Engagement bedeutete das konkret, für Frieden und Gerechtigkeit einzutreten. Dabei kannte sie keine Trennung von Kirche und Staat wie wir heute. Das Programm ihres politischen Wirkens umfaßte drei Ziele: 1. Die Rückkehr des Papstes von Avignon nach Rom. 2. Der Kreuzzug, wodurch Italien zur Einheit finden sollte. 3. Die Reform des Klerus und der Ordensleute.

Katharina ist eine Heilige, die aus religiösen Gründen in die Politik eingegriffen hat. Papst Paul VI. sagte anläßlich ihrer Proklamation zur Kirchenlehrerin: »War sie auch politisch, unsere verehrte Jungfrau? Ja, zweifellos und in außergewöhnlicher Weise, aber in einem ganz spirituellen Sinn des Wortes. Sie wies nämlich den Vorwurf, eine Politisiererin zu sein, den einige ihrer Mitbürger gegen sie erhoben hatten, entrüstet zurück… Die politische Lehre der Heiligen findet ihren zuverlässigsten und vollkommensten Ausdruck in diesem ihrem lapidaren Satz: Kein Amt kann weder nach weltlichem noch nach göttlichem Recht ohne die heilige Gerechtigkeit im Stande der Gnade ausgeübt werden (Dialog 155)« (AAS 62,677f).

Katharina sah ihre Aufgabe zunächst in ihrer Vaterstadt. Wie ihr großes Vorbild Ambrosius Sansedoni (+ 1287) setzte sie sich mit all den ihr zur Verfügung stehenden Mitteln für den Frieden ein. Sie versuchte, die Menschen, die mit ihren Streitigkeiten zu ihr kamen, durch ihr Wort und ihr beispielhaftes Leben zur Umkehr des Herzens zu führen, die die Voraussetzung für jeden echten Frieden ist. Sie nahm Zuflucht zum Gebet, wie wir es bereits bei den aufsehenerregenden Bekehrungen erfahren haben. Vor allem schickte sie Briefe, in denen sie mit eindringlichen Worten zum Frieden mahnte: »Gott hat durch seinen Sohn und der Sohn mit seinem Blut uns von der Feindschaft befreit und uns den Frieden geschenkt… Er hat das Feuer des Zornes und des Hasses zwischen dem Menschen und seinem Bruder ausgelöscht… Darum wird der demütige und friedliche Mensch den Zorn und den Haß gegen den Feind aus seinem Herzen verjagen… Macht es nicht wie die Toren und Wahnsinnigen, die dadurch daß sie einen anderen schlagen, sich selbst schlagen… Wer seinen Feind töten will, stößt sich selbst zuerst den Dolch in die Brust« (Lettere 2,132f).

In Siena wie in den anderen Städten Italiens befand sich das politische Leben in einer schweren Krise. »Es war eine Zeit der Auflösung, in der die Italiener sich gruppenweise umbrachten: jedes Dorf bewegte sich zwischen wenigstens zwei Parteien; mehr denn je purzelte ein kurzlebiges Regime nach dem anderen; simonistische Betrüger wurmten im Leib der Kirche; die Gewalttätigsten plünderten; anstelle eines christlichen Ideales züchtete man, mit schnellerer Wirkung, den Brudermord. Eine Zeit des Blutes in Verschwörungen, Kriegen, Aufständen und Racheakten. In einem Gebrodel von Blut wirkte die heilige Benincasa«, sagt J. Giordani (zitiert nach Hirtz 93).

Am Beispiel des Nanni di Ser Vanni läßt sich Katharinas Wirken für den Frieden in Siena zeigen. Raimund schreibt über diesen Mann: »Entsprechend der verheerenden Unsitte des Landes stand auch er mehreren Todfeinden gegenüber, gegen die er beständig private Kriege führte. Dabei befolgte er die arglistige Taktik, Hinterhalte zu stellen, während er nach außen dergleichen tat, als gäbe er gütlich nach… Einige seiner Feindschaften hatten mit Morden geendet, so daß sich selbst Leute, die unter Umständen vor einem Verbrechen nicht zurückscheuten, wohlweislich hüteten, mit ihm in Streit zu geraten.« Auf Vermittlungsversuche »pflegte der Fuchs honigsüß zu antworten … der Friede hänge nicht von ihm ab, obgleich in Wirklichkeit einzig sein unersättlicher Rachedurst die Versöhnung vereitelte. Katharina hatte einiges über diesen Fuchs vernommen und begehrte sehnlich, diese Übel abzustellen. Allein, sie bemühte sich vergeblich, mit Nanni zu sprechen, da er vor ihr wie eine Schlange vor der Flöte des Beschwörers floh« (131f). Fra William Fleete konnte ihn dazu bewegen, Katharina wenigstens einen Besuch abzustatten. Sie begrüßte ihn »mit einer Liebenswürdigkeit, wie sie im Himmel herrschen muß« (Raimund 133). Aber die Worte der Heiligen prallten an diesem harten Mann ab. Da begann sie innerlich zu beten. Und plötzlich änderte er sein Verhalten. »Er stürzte auf beide Knie nieder und weinte, und schluchzend brach es aus ihm hervor: Ich will alles tun, was Ihr von mir verlangt, heilige Frau… Durch Katharinas Mittlerdienste schloß er mit allen seinen Feinden Frieden und durch die meinigen versöhnte er sich mit Gott, dem Allerhöchsten, dessen Frieden er solange schnöde geringgeschätzt hatte«, berichtet Raimund (134f).

Die Beilegung langjähriger Feindschaften und Familienfehden machten Katharina als Fiedensstifterin über Siena hinaus bekannt. Sie wurde in andere Städte und Dörfer eingeladen und in Briefen um Rat gefragt, ja sogar aufgefordert, in Streitfällen eine Entscheidung zu treffen. Die Heilige begann mehr und mehr, die von Christus empfangene Sendung für Italien und die Kirche zu verwirklichen. Der Herr hatte ihr gesagt, als sie beim mystischen Tod ihn schaute: »Um des Heiles der Seelen willen wirst du aus deiner Heimatstadt hinausgehen müssen. Ich werde immer mit dir sein, dich führen und zurückgeleiten… Ich werde dich vor Päpste und Leiter der Kirchen sowie vor die Lenker des christlichen Volkes führen« (Acta 915).

Italien war damals kein einheitliches, zentral regiertes Land. Die Königreiche Sizilien und Neapel umfaßten ganz Süditalien. Nördlich davon lag der Kirchenstaat, der während des Exils der Päpste in Avignon der Zerrüttung und Anarchie verfiel. Denn der Papst sandte Kardinallegaten, meistens Franzosen, zur Aufrechterhaltung seiner Herrschaft nach Italien. Da sie kein Verständnis für die einheimische Bevölkerung und ihre Rechte und Freiheiten aufbringen konnten und mehr Haudegen als Priester waren, versuchten sie, mit fremden Söldnerheeren den Kirchenstaat zu regieren. Die zum Römischen Reich deutscher Nation gehörigen Gebiete der Toscana und Oberitaliens zerfielen in viele Stadtstaaten und Fürstentümer, von denen Mailand unter Bernabò Visconti als mächtigste Herrschaft sich über die Lombardei, Ligurien und Teile von Piemont erstreckte. Bernabò versuchte auch, Städte des Kirchenstaates in der Romagna (Bologna und Umgebung) an sich zu reißen, und geriet dadurch in Konflikt mit dem Papst. Das arme Volk litt furchtbar unter diesen Zuständen. Alles wurde aber noch verschlimmert durch die Söldnerheere, die unter ihren Anführern, den »condottieri«, eine schreckliche Landplage waren. Sie stellten sich in Dienst des Herren, der sie am besten bezahlte. Wenn sie keine Beschäftigung hatten, verdienten sie sich ihr Geld durch Plünderungen. Fürsten und Städte hatten Angst vor ihnen und behandelten sie mit Ergebenheit. Katharina suchte, diese Söldnerheere zu Frieden und Gerechtigkeit zu bewegen und sie für den Kreuzzug gegen die Türken zu gewinnen. Jetzt wären sie »im Dienst und Sold des Teufels«, sie sollten »den Sold und das Kreuz Christi des Gekreuzigten« auf sich nehmen. »Welch große Grausamkeit, daß wir Christen, die wir mit dem Leib der heiligen Kirche verbundene Glieder sind, einen den anderen verfolgen«, schrieb sie an den Führer englischer Freischärler, John Hawkwood, in Italien Giovanni Acuto genannt (zitiert nach Gnädinger 104f). Wenn auch diese verrohten Bandenführer sich wohl kaum von den frommen Gedanken der jungen Mystikerin beeinflussen ließen, so nahmen sie sie doch ernst und verhöhnten sie nicht; denn ein gewisser Glaube an einen Gott und Richter war bei ihnen noch vorhanden.

Bernabò Visconti hatte schon öfter Konflikte mit dem Papst gehabt wegen seiner Expansionspolitik und der Beschlagnahme geistlicher Güter. Als Papst Urban V. ihn wegen der Einnahme der Stadt Reggio exkommunizierte, zwang er die Boten des Papstes, die Exkommunikationsbulle aufzuessen, andernfalls hätte er sie von der Brücke in den Lambro-Fluß geworfen. Dann ließ er die Legaten in weiße Gewänder kleiden und in einem Umzug durch Mailand führen. Dem Erzbischof antwortete er auf dessen Vorhaltungen: »In meinen Herrschaften bin ich Papst, Kaiser und König, und ich werde nicht erlauben, daß selbst Gott etwas gegen meinen Willen tut« (Papàsogli 119). Nachdem Gregor XI. erfolglos versucht hatte, sich im Guten mit Bernabò zu einigen, mußte auch er die Exkommunikation aussprechen. Der Visconti kleidete darauf einen armen Trottel in Priesterkleider und befahl ihm, den Papst zu exkommunizieren. Gregor XI. verbündete sich mit der Königin von Neapel und dem König von Ungarn und erklärte 1372 dem Mailänder den Krieg. Der Kardinallegat Pierre d'Estaing wurde nach Bologna entsandt. »Die Kompanie der Engländer, die für Bernabò Visconti kämpfte, überwarf sich mit ihm und wechselte in die Dienste des Papstes und seiner Verbündeten« (Muratori, zitiert nach Papàsogli 119). Die Entscheidung über Krieg oder Frieden lag nun bei dem Kardinallegaten und dem Visconti. In großer Sorge um die betroffenen Menschen schrieb Katharina an den Kardinallegaten zwei Briefe, die als die ersten politischen Briefe anzusehen sind. Sie bediente sich eines Wortspiels mit dem italienischen »legato« und sagte ihm: »Ich wünsche, Euch gebunden zu sehen mit dem Band der Liebe, da Ihr zum Legaten in Italien ernannt worden seid… Deshalb will ich Euch als Legaten der Liebe sehen… Die Liebe schenkt den Frieden und verbannt den Krieg« (Lettere 1,24f). Im zweiten Brief beschwor sie den Legaten: »Friede, Friede, Friede, liebster Vater! Seht, Ihr und die anderen, und macht dem Heiligen Vater deutlich, mehr an den Verlust der Seelen als an den Verlust der Städte zu denken; denn Gott sucht die Seelen mehr als die Städte« (Lettere 1,38).

Angesichts der Übermacht verzichtete Bernabò Visconti auf einen Kampf und versuchte, mit dem Papst Frieden zu schließen. In diesem Zusammenhang schickte er auch Gesandte zu Katharina, die sein Verhalten rechtfertigen sollten. Die Heilige antwortete in einem langen Brief: »Liebet, liebet! Bedenket, daß Ihr geliebt wurdet, bevor Ihr liebtet; denn als Gott in sich selbst hineinblickte, ergriff ihn Liebe zu seiner Kreatur, und er erschuf sie, bewegt vom Feuer seiner maßlosen Liebe, allein zu dem Ende, daß sie das ewige Leben habe… Deshalb wird keiner, der sich selbst erkennt, Gott je tödlich beleidigen, in Hochmut, Standesdünkel, Überheblichkeit oder Herrschsucht verfallen… Wir können uns durch keine Herrschaft, die wir in dieser Welt ausüben, als Herren erachten… Man ist eher Verwalter, und dies nur auf Zeit… so lange es unserem liebsten Herrn gefällt. Ich bitte Euch um der Liebe Christi des Gekreuzigten willen, unternehmt nie etwas gegen Euer Oberhaupt. Laßt Euch nichts vorspiegeln! Denn der Teufel will Euch die Farbe der Tugend vormachen, und er hat es schon getan: nämlich ein Gericht zu halten gegen die schlechten Hirten, ihrer Vergehen wegen. Mißtraut dem Teufel und wollet nicht Gerichtsbarkeit üben, wo Ihr dazu nicht befugt seid… Besitzet Eure eigenen Städte in Frieden, schaffet Euren Untergebenen Recht, wenn jemand strafbar wird… Ich fordere Euch nun auf, im Namen Christi des Gekreuzigten, zu wahrem und vollkommenem Frieden mit dem gütigen Vater, dem Christus auf Erden« (zitiert nach Gnädinger 46-52). Katharina rief den grausamen Tyrannen, der die Bauern wegen kleiner Verstöße gegen seine Jagdgesetze verstümmeln oder aufhängen ließ, zur Umkehr und Frieden mit dem Papst auf. Aber er bekehrte sich erst auf dem Sterbebett. Auch die Gattin Bernabòs, Beatrice Regina della Scala, schickte Gesandte zu Katharina. Die Heilige nutzte diese Gelegenheit, um auch auf diese Weise für den Frieden zu wirken. Sie forderte die stolze und ehrgeizige Frau auf, das »Mittel und Werkzeug« zu sein, »durch das sich Euer Gemahl mit Christus, dem liebsten Jesus, und mit seinem Stellvertreter, dem Christus auf Erden, versöhne« (zitiert nach Gnädinger 54).

Der Kardinallegat schloß mit Bernabò Visconti Frieden. Wie hoch der Anteil Katharinas daran gewesen sein mag, entzieht sich unserer Kenntnis. Die Milde des Papstes darf nicht unterschätzt werden; er hatte den Gesandten des Visconti gesagt: »Ferne sei mir der Wunsch, mit irgend jemandem Krieg zu führen« (zitiert nach Papàsogli 127).

Raimund von Capua

Im Mai 1374 begab sich Katharina mit drei Mitschwestern nach Florenz. Als einzige zeitgenössische Quelle berichten die »Miracoli« darüber: »Im Monat Mai 1374, als das Kapitel der Predigerbrüder stattfand auf Befehl des Ordensmeisters, kam eine als Bußschwester des heiligen Dominikus gekleidete Frau nach Florenz, deren Name war Caterina di Jacopo da Siena. Dieselbe war 27 Jahre alt und wurde für eine heilige Dienerin Gottes gehalten« (1f). In den meisten Biographien seit dem 18. Jahrhundert findet sich folgende Version: »... als das Kapitel der Predigerbrüder stattfand, kam auf Befehl des Ordensmeisters eine als Bußschwester des heiligen Dominikus gekleidete Frau...« Durch Einfügung von Kommata in den Abschriften ist diese Version entstanden, während das älteste Manuskript keine Kommata kennt (vgl. Miracoli IX). Das hat zu der Hypothese geführt, Katharina sei vom Generalkapitel einem regelrechten Verhör unterzogen worden wegen des Verdachts der Häresie. Fawtier vertritt die Ansicht, daß von da an ihre Unternehmungen kontrolliert und ihre Aktionsfreiheit eingeschränkt worden sei. P. Timoteo Centi hat 1970 nachgewiesen, daß diese Behauptungen unhaltbar sind. Die Akten des Generalkapitels, das unter der Leitung des Ordensmeisters Elias Raymond im Kapitelsaal (Spanische Kapelle) von Santa Maria Novella Pfingsten 1374 stattfand, sind verlorengegangen. Die »Miracoli« sagen nichts darüber, warum Katharina nach Florenz kam, und machen keine Angabe darüber, ob die Heilige vom Generalkapitel geladen und dort über ihren Glauben befragt wurde. Nach den damaligen Gewohnheiten erscheint das unwahrscheinlich. Es ist möglich, daß Katharina am Rande des Generalkapitels mit dem Ordensmeister und anderen Kapitelsvätern über ihre Sendung gesprochen hat. Sie nutzte nämlich jede Gelegenheit, um für ihre großen Anliegen zu werben: den Kreuzzug, den Frieden und die Reform des kirchlichen Lebens. Wie aus einer Bestätigungsbulle Papst Gregors XI. vom 17. August 1376 hervorgeht, wurde Raimund von Capua durch den Ordensmeister beauftragt, Katharina und ihre Gefährtinnen »zu leiten und zurechtzuweisen« (Documenti 38). Ob dies anläßlich des Generalkapitels oder später geschah, wissen wir nicht.

Raimund gehörte zu dieser Zeit dem Konvent von Santa Maria Novella in Florenz an. Er selbst hat darüber in seiner »Legenda maior« keine konkreten Angaben gemacht, und das Generalkapitel erwähnt er nicht. Es ist nicht auszuschließen, daß Katharina und Raimund sich schon einige Zeit vorher begegnet sind. Nach Tommaso da Siena hat die Muttergottes Katharina einen Hinweis auf Raimund gegeben (Supplementum 11f; 377f). Nach ihrer Rückkehr aus Florenz, so wird erzählt, sei die Heilige an einem Tag im Juni nach San Domenico gegangen, um die heilige Messe mitzufeiern. Tommaso della Fonte habe die Messe zelebriert mit Assistenz von Bartolomeo Dominici und Raimund von Capua (so wie man früher an Feiertagen ein feierliches Hochamt hielt). Katharina habe bei dieser Gelegenheit eine innere Stimme vernommen, die ihr sagte, sie solle Raimund als Beichtvater wählen (Papàsogli 133). Die Initiative für die Wahl des Beichtvaters geht demnach von Katharina aus.

Unsere Heilige war nach den »Miracoli« am Fest des hl. Petrus, 29. Juni, in ihre Heimatstadt zurückgekehrt. Sie hatte sich noch einige Zeit in Florenz aufgehalten. Wahrscheinlich wohnte sie bei ihren Brüdern im »Canto Soldani«, einer Straße, die in die »Piazza d'Arno« mündete. Mit ihrer Nichte Nanna, Tochter ihres Bruders Benincasa, schloß sie Freundschaft. Ihr schickte sie Briefe, von denen einer erhalten ist und ein Beispiel davon abgibt, mit welch faszinierender Symbolik sich Katharina der Auffassungsgabe eines Kindes anpassen konnte. Damals begann auch ihre Freundschaft mit Niccolò Soderini, den sie wohl durch ihre Brüder kennenlernte, weil er diesen in ihren wirtschaftlichen Schwierigkeiten zur Hilfe kam. Auch der unbekannte Verfasser der »Miracoli« trat zu ihr in Beziehung: »Als ich von ihrem guten Ruf hörte, versuchte ich, sie zu sehen und ihre Freundschaft zu gewinnen. Während sie einige Male hier ins Haus kam und ich etwas von ihrem Leben erfuhr, bemühte ich mich, davon möglichst viel in Erfahrung zu bringen« (2). Bis zum Oktober 1374 schrieb er alles auf, was er über sie wußte.

Raimund wurde wohl im Sommer 1374 als Lektor nach Siena versetzt. Seine Anwesenheit in San Domenico wird durch eine Urkunde vom 1. August 1374 bezeugt. Hier ist nun der Ort, etwas Näheres zu diesem neuen geistlichen Begleiter Katharinas zu sagen. Raimund wurde um das Jahr 1330 in Capua geboren. Er entstammte der adeligen Familie delle Vigne, die im Königreich Neapel bedeutende Ämter innehatte. Sein Vater war Jurist, Berater und Vertrauensmann König Roberts. Auch der Kanzler Friedrich II., Pier delle Vigne, den Dante im siebten Kreis der »Hölle« verewigt hat, gehörte zu seinen Vorfahren. Raimund wurde der Familientradition entsprechend zum Jura-Studium nach

Katharina und Raimund von Capua vor dem Papst (Hl. Kreuz, Regensburg)

Bologna geschickt. Nach Abschluß des Studiums trat er in den Dominikanerorden ein und lehrte nach seiner Ausbildung als Lektor Theologie in Bologna und Rom. Von 1363 bis 1367 lebte er in Montepulciano als Rektor des Dominikanerinnenklosters und schrieb in dieser Zeit eine Biographie der hl. Agnes, der Gründerin des Klosters (+ 1317). Als Papst Urban V. in Rom residierte (1367 bis 1370), war Raimund dort Prior des Konventes Santa Maria sopra Minerva. 1373 gehörte er zum Konvent Santa Maria Novella in Florenz, wie eine Urkunde vom 30. August bezeugt.

In Raimund von Capua erhielt Katharina einen geistlichen Begleiter, der sich durch Erfahrung in der geistlichen Leitung kontemplativer Schwestern, durch gute theologische und juristische Bildung, durch Klugheit und Frömmigkeit auszeichnete. Der wenig gebildete und mit Katharina überforderte Tommaso della Fonte übergab gerne sein Amt als Beichtvater und auch die Aufzeichnungen, die er über die Visionen, Ekstasen und Wunder der Heiligen niedergeschrieben hatte, an seinen Nachfolger. Für Katharina muß es befreiend gewesen sein, nicht mehr einem engen Beichtvater gehorchen zu müssen. »Oft begriffen ihre Seelenführer keinen Deut von den großen Gaben, die Gott Katharina schenkte; zudem mißtrauten sie ihr. So versteiften sie sich darauf, Katharina keinen anderen als den gewöhnlichen Weg zu führen, den die meisten Menschen gehen«, schreibt Raimund (67). Leichtgläubig begegnete Raimund auf keinen Fall den außergewöhnlichen Erscheinungen, schreibt er doch in seiner Biographie Katharinas: »Am Anfang, da ihr Ruhm im ganzen Land erscholl und ich mit ihr bekannt wurde, stand ich ihr so mißtrauisch wie nur möglich gegenüber... Auf jede erdenkliche Weise suchte ich, ihrem Tun auf den Grund zu kommen und zu erfahren, ob es von Gott oder von anderswoher stammte, ob es wahr oder erheuchelt wäre« (69). Aber er konnte sich bald von Katharinas ungewöhnlicher Berufung und Begnadung überzeugen. Er lernte sie sehr gut kennen und verstand sie besser als alle anderen. Zwischen diesen beiden heiligen Ordensleuten (Raimund wurde auch seliggesprochen) entwickelte sich eine tiefe geistliche Freundschaft, durch die sie sich gegenseitig weiterführten auf dem Weg der vollkommenen Liebe zu Gott und den Mitmenschen.

Katharina hatte sehr darunter gelitten, nicht jeden Tag die hl. Kommunion empfangen zu können. »Die uneinsichtigen Vorgesetzten unter den Dominikanern« und die »engherzigen Priorinnen« verweigerten ihr, Christus im Sakrament der Eucharistie zu empfangen, wonach sie »eine unbeschreibliche Sehnsucht« hatte. »Das war denn auch einer der Gründe, warum Katharina mich als Vorgesetzten meinen Vorgängern vorgezogen hat.« Die damals üblichen Einwände gegen die häufige Kommunion hat Raimund entkräftet und Katharina an den Altar treten lassen, »wann immer es ihr beliebte« (Raimund 156).

Der Auftrag, Katharina »zu leiten und zurechtzuweisen«, ist Raimund nicht leicht gefallen. Sie übernahm oft die Führung und hat ihn manchmal hart getadelt, obwohl sie ihn sehr liebte. Ihre Briefe an ihn sind mit einer Zärtlichkeit geschrieben, die auf eine tiefe Zuneigung schließen lassen. Im Bereich ihrer politischen Sendung nahm Raimund zweifelsohne eine führende Rolle ein und hat sie beraten, war er doch ein angesehener und von den Päpsten oft in Dienst genommener Diplomat.

Pest in Siena und Wallfahrt nach Montepulciano

Im Oktober 1347, dem Geburtsjahr Katharinas, brachten Handelsschiffe von der Krim, als sie in den Hafen von Messina einliefen, die größte Katastrophe des 14. Jahrhunderts nach Europa. Die Schiffe waren mit dem Bazillus der Beulenpest verseucht, die sich nun wie eine mächtige, unaufhaltsame Woge in den folgenden drei Jahren über ganz Europa bis nach Skandinavien und Rußland hinwegbewegte.

Innerhalb weniger Stunden bildeten sich bei den Infizierten an den Lymphdrüsen sehr schmerzhafte Schwellungen und über den ganzen Körper breiteten sich eitrige Geschwüre und schwarze Flecken aus. Hinzu kamen hohes Fieber, Übelkeit, Blutspucken, rascher Verfall der Körperkräfte und die Stimmung einer tiefen Hoffnungslosigkeit und Verzweiflung. Die Opfer starben qualvoll innerhalb von 3–5 Tagen nach den ersten Anzeichen der Ansteckung. Die Leichen der Toten verbreiteten einen starken, ekelerregenden Gestank.

Da man noch nichts über Bazillen und Infektion wußte und deswegen weder vorbeugen konnte noch Heilmittel kannte, brach die Seuche als unheimliches böses Schreckgespenst über die Menschheit herein. Ratten und Flöhe, beide alltägliche, selbstverständliche Hausgenossen des Menschen im Mittelalter, übertrugen die Pestilenz und verseuchten besonders die dichtbesiedelten Städte in kürzester Zeit. Die panische Angst, vom »schwarzen Tod« überfallen zu werden, ergriff die Menschen so sehr, daß jedes andere Empfinden gelähmt wurde. »Väter verließen ihre Kinder, Frauen ihre Männer, ein Bruder den anderen, denn die Pest schien mit Blicken und Atem übertragbar. So starben sie. Niemand war zu finden, der die Toten begrub, nicht für Geld und nicht für Freundschaft«, notierte der Chronist von Siena (zitiert nach Tuchman 101).

Verzweifelt versuchte man die unheimliche Macht zu bannen, indem man Erklärungen für das Unheil suchte. Einmal war das »große Sterben« ein Überfall böser Geister, ein anderes Mal wurden jüdische Mitbürger zum Sündenbock gemacht. In vielen Städten Europas wurden sie als »Brunnenvergifter« angeklagt und verfolgt.

Das Lebensgefühl der Menschen verdunkelte sich, weil man sich den unheimlichen Gewalten hilflos ausgeliefert sah. Ein schweres Erdbeben, das im Januar

1348 das ganze Gebiet von Neapel bis Venedig erschütterte und dessen Ausläufer bis nach Deutschland und Griechenland spürbar waren, verstärkte den Eindruck, daß die harmonische Ordnung des Kosmos zerstört war; Gott hatte sich vom sündigen Menschen abgewandt. Der Chronist aus Siena klagte: »Keine Totenglocke ertönte, niemand wurde beweint, weil alle den Tod erwarteten … Die Menschen sagten und glaubten: ›Das ist das Ende der Welt‹« (zitiert nach Tuchman 99).

Wer reich genug war, flüchtete in dieser verwirrten und überspannten Zeit auf sein Landgut und veranstaltete verschwenderische Feste. Einer hemmungslosen Vergnügungs- und Prunksucht, in der man Vergessen suchte, standen ebenso maßlose Bußübungen gegenüber, denen sich viele unterzogen, um den vermeintlichen Zorn Gottes zu beschwichtigen. In tagelangen Bußprozessionen zogen bis zu 2 000 Menschen umher, barfuß und in Sacktuch gehüllt. In den Dörfern und Städten traten organisierte Geißlerzüge auf. Diese Flagellanten, die sich selber bis aufs Blut geißelten, behaupteten, durch ihre Selbstkasteiungen die Welt vor dem Untergang retten zu können. Zunächst wurden sie überall, wo sie auftauchten, mit Verehrung empfangen, und ihre blutigen Kleidungsstücke waren begehrte »Reliquien«. Doch gerieten sie bald durch ihr überhebliches Auftreten und die kritischen Äußerungen in Widerspruch zu den höheren Ständen und der Kirche. Schließlich rief Klemens VI. im Oktober 1349 in einer Bulle zur Auflösung und zur Festnahme dieser Gruppen auf.

Der »schwarze Tod« lag als Schatten über der ganzen zweiten Hälfte des 14. Jahrhunderts. Nach dieser ersten, weitläufigsten Epidemie folgten noch sechs weitere Ausbrüche an verschiedenen Orten Europas. Insgesamt vernichtete diese Pest etwa 40% der gesamten europäischen Bevölkerung.

Eine dieser nachfolgenden Pestwellen hatte Siena getroffen, als Katharina im Sommer 1374 aus Florenz in ihre Heimatstadt zurückkehrte. »Männer und Frauen, jung und alt, sanken ins Grab; die einen standen am Morgen gesund und frisch auf und abends lagen sie tot in ihren Betten … Schrecken und Grauen herrschten allenthalben«, berichtet Raimund von Capua (138). Und während alle, die noch verschont waren, aus Ekel und Angst vor Ansteckung die Kranken mieden, und auch Ärzte und Priester nur selten erreichbar waren, stürzte sich Katharina geradezu in die Arbeit. Sie versuchte zu helfen, wo sie nur konnte, versorgte und pflegte die Kranken, tröstete sie und betete mit ihnen. Mit besonderer Fürsorge widmete sie sich den Pestopfern in den Armenvierteln, die noch weniger als andere Bürger der Stadt mit Hilfe rechnen konnten.

Tommaso da Siena schildert: »Nie war sie bewunderungswürdiger als in dieser Zeit. Sie wich nicht von den an der Pest Erkrankten. Sie bereitete sie auf den

Tod vor und begrub sie mit eigenen Händen … Nicht wenige dankten ihrer aufopfernden Pflege ihr Leben« (zitiert nach Drane 188). In allen Notleidenden und Kranken erkannte Katharina Christus, ihm diente sie in Liebe und Hingabe in jedem Sterbenden. Darum strahlte sie inmitten dieses grauenvollen Elends eine trostvolle Zuversicht und Heiterkeit aus, die allein schon lindernd und heilend auf die Verzweifelten wirkte. »Ich selbst bin Zeuge gewesen der einzigartigen Freude, die sie zeigte, wenn sie zur Zeit der Pest die Kranken besuchte« (Prozeß von Castello 42).

Die religiöse Glut hinter Katharinas Einsatz bewegte die Mitglieder ihrer geistlichen Familie, Angst und Ekel zu überwinden und sich ihr anzuschließen. Raimund von Capua gesteht, daß er sich durch ihr großes Beispiel geradezu gezwungen sah, sich der Lebensgefahr auszusetzen, weil »die Liebe, die mich schwer verpflichtet, meinen Nächsten mehr zu lieben als mein eigenes Leben, in Katharina eine beredte Fürsprecherin« hatte (142f). Ein anderer Dominikaner, der sich der Pestkranken annahm, Simone da Cortona, bekennt sehr direkt: »Ich ging bereitwillig, von der Liebe zur liebsten Mutter dazu angetrieben« (Prozeß von Castello 453).

Katharinas rastloser Dienst an den Kranken entsprang unmittelbar ihrer innigen Herzensverbundenheit mit Christus. Ihr Tun war Gebet, und es war so mächtig, daß sich auch Heilungen ereigneten. Der Leiter des Spitals Maria della Misericordia, Matteo di Cenni, hatte sich bei der Krankenpflege mit der Pest angesteckt und lag nun siech, den Tod erwartend, in seinem Hospital. Katharina war Matteo »wegen seines guten Lebens wie eine Schwester zugetan« (Raimund 140). Als sie von seinem Elend erfuhr, machte sie sich sofort auf den Weg ins Spital. »Schon von weitem rief sie ihm entgegen: Steht auf, Messer Matteo, steht auf! Habt Ihr denn jetzt Zeit, auf einem Faulbett auszuruhen? In diesem nämlichen Augenblick, da Katharinas Stimme erscholl, fiel das hohe Fieber des Kranken jäh … und seine Schmerzen ließen nach … Matteo lachte übers ganze Gesicht, glitt aus seinem Bett und tat beinahe Sprünge vor Freude … ja, er hatte erfahren, daß Gottes Kraft in Katharina wohnte« (140). Raimunds Bericht erinnert an die biblischen Wundererzählungen, wonach Jesu Wort und Anruf allein schon Macht hatte, Wunder zu wirken (z.B. Joh 11,43; Mk 5,41). Auch die Schilderung seiner eigenen Heilung enthält biblische Elemente. Als Raimund sterbenselend dalag, legte ihm Katharina die Hand auf die Stirn und betete wortlos (vgl. Mk 6,5; 16,18; Apg 28,8). »Sie mochte etwa eine halbe Stunde so gebetet haben, als ich in mir im ganzen Körper eine Änderung spürte … ich hatte das Gefühl, als würde etwas mit Gewalt allen meinen Körperteilen entzogen. Es ging mir bald besser ... ehe Katharina aus ihrer Entrückung zu sich gekommen war, hatte die Krankheit von mir gelassen!« (144). Katharina ordnete dann an, daß für Raimund ein stärkendes Essen gekocht wurde (vgl. Mk 5,43). Wie im Evangelium geschieht auch durch Katharinas Gebet Heilung nicht allein um des Kranken willen. Vielmehr erhält der Geheilte den Auftrag, das Empfangene nun seinerseits weiterzugeben. »Sie sah mich prüfend an und sagte dann: So geht denn und arbeitet wieder und helft den Menschen, den guten Weg zu finden! Vergeßt nicht, dem Allerhöchsten zu danken: Er hat Euch der Gefahr entrissen!« (Raimund 144).

Selbst für einen so außergewöhnlich in Gott eingewurzelten Menschen wie Katharina bleibt Jesus doch immer der freiwaltende Herr über Leben und Tod. Das zeigt das Schicksal der eigenen Familie in diesen Pestmonaten. Ihre Schwester Lisa und der Bruder Bartolo, der sie von Florenz nach Siena begleitet hatte, um seine Mutter zu besuchen, starben an der Pest. Und von elf Enkeln, die im Haus der Monna Lapa lebten, starben sieben, von denen sechs Bartolos Kinder

Siena – S. Domenico, »Krypta der Toten«

waren. Aus dem Sterberegister von San Domenico geht hervor, daß sie fast alle im August 1374 hinweggerafft wurden (Necrologi 113-118). Katharina pflegte und begleitete ihre Neffen und Nichten in ihrem qualvollen Sterben und begrub sie eigenhändig. Sie konnte den Tod als Übergang in das ewige Leben bei Gott ganz annehmen und soll bei der Beisetzung eines jeden Kindes voll Gewißheit ausgerufen haben: »Dieses Kind werde ich niemals verlieren« (Miracoli 20).

Im Herbst 1374, als die Pest abgeflaut war, unternahmen Katharina und Raimund, von Tommaso della Fonte und einigen Mantellatinnen begleitet, eine Wallfahrt nach Montepulciano zum Kloster der heiligen Agnes. Agnes (1268 bis 1317) hatte das Kloster 1306 in ihrer Heimatstadt Montepulciano gegründet. Ihr beispielhaftes Leben und die vorbildliche Leitung des Klosters, das durch sein blühendes geistliches Leben bekannt wurde, hatten sie schon zu Lebzeiten in den Ruf der Heiligkeit gebracht. Ihr Leichnam war unversehrt und wurde daher mit großer Ehrfurcht im Kloster aufbewahrt und von vielen Pilgern besucht. 1311 war das Kloster dem Dominikanerorden angegliedert worden und wurde seitdem von Brüdern des Ordens betreut. Raimund von Capua war vor seiner Versetzung nach Siena auch Beichtvater bei den Nonnen von Montepulciano gewesen und hatte Katharina von der heiligen Gründerin erzählt. Katharina muß sich der heiligen Agnes sofort innerlich verbunden gefühlt haben und nannte sie später immer die »glorreiche Mutter«.

Als nun alle vor dem unversehrten Körper der heiligen Agnes beteten und Katharina, die sich am Fußende niedergekniet hatte, als Zeichen der Verehrung einen Fuß küssen wollte, hob sich dieser Fuß, als wolle er ihrer Verehrung und damit ihr selbst entgegenkommen. Weil dieses sonderbare Ereignis von einigen mißtrauischen Nonnen sofort als Teufelswerk gedeutet und so weitererzählt wurde, ließ Raimund alle Zeugen unter Eid über den Vorgang aussagen. So konnte diese über irdische Grenzen hinausgehende zarte Sympathie- und Freundschaftsbezeugung überliefert werden. Katharina blieb dem Kloster sehr verbunden, stand im Briefwechsel mit den Nonnen und besuchte sie noch öfters, zumal zwei ihrer Nichten dort eintraten.

Nachdem die Schwestern nach Orvieto umgezogen waren, übernahmen 1435 die Dominikaner das Kloster Sant'Agnese und betreuen dort bis heute die Wallfahrt zur heiligen Agnes.

Pisa und der Kreuzzug

Der Ruf Katharinas war auch nach Pisa gedrungen. Nach Abklingen der Pest im Herbst 1374 wünschten Ordensleute und Laien, die Heilige zu sehen. Pietro Gambacorta (oder auch Gambacorti), Signore von Pisa, lud sie im Namen ihrer Verehrerinnen und Verehrer, wozu er selbst und die Damen seines Hauses gehörten, in die alte Hafenstadt ein. Katharina antwortete ihm: »Ihren Brief habe ich erhalten und ihn mit inniger Liebe gelesen. Nicht meine Tugend und meine Güte, sondern die Ihrige und die der Damen Ihres Hauses haben Sie bewogen, mir in Demut zu schreiben und mich um mein Kommen zu bitten. Gerne würde ich den Wunsch erfüllen, aber augenblicklich ist es mir körperlich unmöglich, und zudem würde ich Ärgernis erregen« (zitiert nach Strobel 63). Einigen Leuten in Siena gefiel es nicht, daß die Heilige so viel umherreiste. Aber wenn sie etwas als den Willen Gottes erkannt hatte, störte sie sich nicht an dem Gerede.

Nach dem 20. Januar 1375 machte sie sich auf den Weg nach Pisa in Begleitung mehrerer Mitglieder der »famiglia«, darunter Raimund von Capua, Tommaso della Fonte, Giovanni Tantucci, Alessia, ihre Schwägerin Lisa und ihre Mutter Lapa. Die drei Ordenspriester begleiteten sie, damit die Menschen, die sich durch das Wort Katharinas bekehrten, sogleich beichten konnten; denn dies war ja ein wesentliches Anliegen ihrer Sendung, die sie auch in Pisa zu erfüllen suchte. In ihrem Brief an Gambacorta hatte sie ihn aufgefordert, das Auge der Selbsterkenntnis zu öffnen: »Sie werden dann nicht geringfügige Dinge entdecken, sondern erkennen, daß Sie beständig Erbärmlichkeiten und Bosheiten wirken« (zitiert nach Strobel 62). Und im Hinblick auf seine politische Machtstellung als regierendes Oberhaupt des Stadtstaates schrieb sie ihm: »Ich bitte Sie, nehmen Sie die göttliche Gerechtigkeit zur Richtschnur in Ihrem Amt. Lassen Sie sich beim Rechtsprechen weder durch Zuneigung noch durch Haß, sondern einzig vom göttlichen Recht leiten« (ebd.).

Katharina wurde in Pisa herzlich empfangen. Gerardo dei Buonconti nahm sie mit ihren Begleiterinnen in sein Haus auf, das neben der Kirche Santa Cristina, wo sich die Stigmatisierung ereignete, auf dem linken Arno-Ufer lag. Das Haus wurde 1943 durch Bomben vollständig zerstört, während die Kirche heute noch steht und seit 1988 in neuem Glanz erstrahlt. Nur wenig oberhalb erhebt sich am Arno-Ufer der Palazzo Gambacorti, den Pietro Gambacorta um 1370 erbauen ließ und in dem er bei einem Aufstand 1392 ermordet wurde. Katharina begegnete dort unter den »Damen des Hauses« der 13jährigen Tochter Tora, die bereits verheiratet war. Zwischen beiden entstand ein freundschaftliches Verhältnis. Als Toras Mann zwei Jahre später im Krieg fiel, entschloß sich die junge Witwe, Ordensfrau zu werden. Katharina bestärkte sie in einem Brief in diesem Entschluß, denn der Vater wollte sie wieder verheiraten. Sie floh von zu Hause zu den Klarissen, wo sie eingekleidet wurde und den Namen Chiara erhielt. Der Vater holte sie mit Gewalt aus dem Kloster und sperrte sie fünf Monate lang ein. Nach ihrer Freilassung trat sie in das Dominikanerinnenkloster Hl. Kreuz in Pisa ein. Einige Jahre später baute ihr Vater dort für sie und die Schwestern, die die strenge Observanz im Geiste der hl. Katharina von Siena leben wollten, das Kloster San Domenico, wo 1385 der erste Reform-Konvent errichtet wurde. Chiara Gambacorta starb 1419 und wird als Selige verehrt. In dieses Kloster trat auch die selige Maria Mancini (+1431) ein. Sie war ebenfalls von Katharina für das Ordensleben begeistert worden. Auch die Schwester ihres Gastgebers, Agnese dei Buonconti, wurde unter dem Einfluß Katharinas Dominikanerin in dem von Chiara Gambacorta gegründeten Kloster. Die drei unverheirateten Brüder des Gerardo dei Buonconti entschieden sich alle für das Ordensleben. Viele Frauen aus Pisa schlossen sich durch Katharina den Bußschwestern des hl. Dominikus an.

Auf das religiöse Leben vieler Menschen in Pisa übte unsere Heilige einen großen Einfluß aus. Ein Zeugnis davon gibt der selige Giovanni Dominici, Leiter der Reformbewegung in Italien und spätere Kardinal, in einem Brief an seine Mutter viele Jahre danach. Als junger Dominikaner hatte er Katharina in Florenz und in Pisa erlebt: »Ich sah sie auch einst in Pisa, wie sie zu einigen Sündern sprach; ihre Predigten waren so tief, so feurig und so kraftvoll, daß sie diese sofort … verwandelten« (Prozeß von Castello 446).

Viele Menschen kamen zu Katharina mit ihren Sorgen und Nöten. Sie spendete Trost, stiftete Frieden, ermutigte die Niedergedrückten, betete für die Menschen in ihren Anliegen und spornte an zum Beten, sie sprach über die Liebe und forderte auf zur Liebe. Die Menschen liebten und verehrten sie. Die begeisterte Volksmenge nannte sie die »santa« (die Heilige). Der Erzbischof von Pisa bat den Ordensmeister Elias Raymond, daß Katharina noch einige Zeit dort bleiben möge.

Es gab auch kritische Stimmen. Der Einsiedler Bianco da Siena hörte von den Ehrungen, die man ihr in Pisa erwies, und schickte ihr einen Brief, in dem er scharfe Kritik an ihrem Auftreten übte und sie vor Hochmut warnte. Raimund von Capua und Bartolomeo Dominici waren darüber empört und wollten entsprechend antworten. Sie aber sagte ihnen: »Ihr solltet mit mir dem Dank sagen, der diesen Brief geschickt hat, denn ihr seht doch, wie gütig und offen er mich an mein Heil erinnert ... Ich will ihm antworten und danken« (Prozeß von Castello 339f). Als Raimund darauf bestand, daß er selbst antworten und den Schreiber tadeln wolle, »verbot sie es mit einem zornigen Blick«, berichtet Bartolomeo Dominici (ebd. 340).

Der Aufenthalt in Pisa bot Katharina die Möglichkeit, ihren politischen Wirkungskreis zu erweitern. Florenz suchte 1375 die toscanischen Städte für eine Liga zur Abwehr der Söldnerbanden und gegen die Politik der päpstlichen Legaten zu gewinnen. Seit 1369 regierte Pietro Gambacorta die Stadt- und Seerepublik Pisa, die ihre beherrschende Machtstellung im westlichen Mittelmeer verloren hatte. Gambacorta erkannte die Vorrangstellung von Florenz an, wollte sich aber auch nicht gegen den Papst stellen. In dieser Situation suchte Katharina auf Gambacorta Einfluß auszuüben, damit er dem Papst die Treue halte. Unterstützt und beraten wurde sie darin durch Raimund von Capua und den Prior der Pisaner Dominikaner, Domenico Peccioli, der als einer der Gesandten Pisas 1371 in Avignon gewesen war, um die Treue gegenüber dem Papst zu bekunden. Lucca, der kleinste Stadtstaat der Toscana, richtete sich in seiner Politik nach Pisa aus. Katharina besuchte von Pisa aus auch Lucca, um diese Stadt ebenfalls in der Treue zum Papst zu erhalten. Katharina schrieb wahrscheinlich nach ihrer Rückkehr von Pisa im Januar 1376 an den Papst Gregor: »Ich bitte Euch, daß Ihr als Vater sprechend nach Lucca und Pisa antwortet; in der Weise, die Gott Euch lehrt. Helfen Sie ihnen, so viel Sie können, und fordern Sie sie auf, treu und beharrlich zu bleiben. Bis jetzt weilte ich in Pisa und in Lucca, um sie aufzurufen, wie ich vermochte, damit sie sich nicht mit den faulen Gliedern, die sich wider Euch erheben, verbündeten. Sie schwanken noch stark, denn von Euch erfahren sie keine Hilfe, und von der Gegenpartei werden sie ständig aufgehetzt und bedroht, es zu tun: bis jetzt haben sie nicht nachgegeben« (zitiert nach Gnädinger 137). Im März 1376 traten diese beiden Städte der Liga bei.

Ihre umfangreichste Aktivität entfaltete Katharina in Pisa, um für einen neuen Kreuzzug zu werben. Die Hoffnung, die heiligen Stätten in Palästina wieder in christlichen Besitz zu bekommen, war nach dem unglücklichen Ausgang der letzten Kreuzfahrt König Ludwigs des Heiligen von Frankreich 1270 und dem Fall von Akkon als letzter Stützpunkt 1290 im Abendland lebendig geblieben. Seit Papst Urban II. 1095 zum ersten Kreuzzug aufgerufen hatte und Bernhard von Clairvaux 1146/47 mit Enthusiasmus als Kreuzzugsprediger umhergezogen war, galt die Kreuzfahrt, d.h. die bewaffnete Wallfahrt ins Heilige Land, als der »edelste Dienst« für Gott. Aber von dieser einstigen Begeisterung für den Kreuzzug, um den Zugang zu den heiligen Stätten freizumachen, war im 14. Jahrhundert nur noch wenig spürbar. Es kam aber die Bedrohung durch die Türken hinzu, die 1362 Adrianopel eingenommen und zu ihrer europäischen Hauptstadt gemacht hatten. Um dem Vordringen der Türken auf dem Balkan Einhalt zu gebieten, suchten die Päpste die abendländischen Fürsten für einen Kreuzzug zu gewinnen. Für diesen »heiligen« Krieg begeisterte sich Katharina nicht. Ihr ging es um Jerusalem und die anderen heiligen Stätten. Sie sprach in ihren Briefen immer nur vom »santo passaggio« (heilige Überfahrt).

Pisa – Dom und schiefer Turm

Wir lehnen heute Kreuzzüge ab und stellen deshalb die Frage, wie Katharina sich für einen solchen »heiligen« Krieg einsetzen konnte; denn Krieg bleibt immer etwas Schreckliches und fordert Menschenleben. Aber damals dachten die Menschen anders. Sie betrachteten den Kreuzzug als eine heilige Sache, für die man den Tod in Kauf nahm und als eine Art Martyrium ansah. Von Kindheit an hörte Katharina Predigten über den Kreuzzug. Als sie 17 Jahre alt war, wurde der Aufruf Papst Urbans V. von allen Kanzeln verlesen. 1368 weilte König Peter I. von Zypern im Dominikanerkloster von Siena, um für einen Kreuzzug Unterstützung zu suchen. Die Päpste riefen immer wieder dazu auf. Es wundert nicht, daß sich Katharina für die Kreuzfahrt begeisterte und mit anderen Frauen mitziehen wollte, um dort das Martyrium zu erleiden. Giovanni delle Celle, Eremit in Vallombrosa und einer der Freunde Katharinas, riet einer Ordensfrau dringend ab, sich an solch einem »Kreuzzug der Frauen« zu beteiligen: »Du wirst mir vielleicht sagen, die Jungfrau Katharina predige, über das Meer zu gehen. Ich sage dir aber, wenn sie es dir rät, um Christus zu finden, so bestreite ich das und alle Heiligen mit mir. Das Reich Gottes ist in euch, sagt der Herr« (zitiert nach Strobel 15). Katharina hat wohl im Lauf der Zeit den Kreuzzug realistischer gesehen. In ihren Briefen geht es immer um die Befreiung der heiligen Stätten aus den Händen der Moslems. Mehr und mehr setzt sich aber der Gedanke durch, die Moslems zu bekehren und sie so teilhaben zu lassen am Blute Christi. An den Söldnerführer Bartolomeo Smeducci schrieb sie: »Ich lade Sie ein im Namen des Gekreuzigten, sein Blut mit Ihrem Blut zu bezahlen, sobald der von den Dienern Gottes erwartete Augenblick kommt, um zurückzuholen, was uns genommen ward: das Grabesheiligtum Christi! Und so die Ungläubigen zu unseren Brüdern zu machen, erlöst im Blute Christi wie wir! Den heiligen Ort aus ihren Händen zu befreien und ihre Seelen dem Dämon und dem Unglauben zu entreißen« (zitiert nach Strobel 73). Von Rassenhaß findet sich keine Spur bei Katharina; denn die Moslems sind »wie wir erlöst«. In einem Brief an Raimund von Capua berichtete sie von einer Schau, die sie am 1. April 1376 hatte, u.a: »Während das Feuer des heiligen Verlangens in mir zunahm, gewahrte ich schauend das christliche Volk und das ungläubige in die Seite des gekreuzigten Christus eingehen, und ich trat aus Sehnsucht und Liebeswunsch mitten unter ihnen mit ihnen in Christus, den liebsten Jesus, ein, begleitet von meinem Vater, dem hl. Dominikus, und dem besonders geliebten Johannes, zusammen mit sämtlichen meinen Söhnen und Töchtern« (zitiert nach Gnädinger 157). Es geht ihr nicht um die Vernichtung des Islam; an die kriegerische Abwehr der Türken denkt sie nicht. Darin unterscheidet sie sich von den Kreuzzugsideen der Politiker.

In Pisa hatte Katharina eine Begegnung mit dem Gesandten der Königin Eleonora von Zypern, der auf der Reise nach Avignon in Pisa an Land ging, um für einen Kreuzzug zu werben. Die Seerepublik Pisa war an den Kreuzzügen beteiligt gewesen, ja sie hatte dadurch an Macht und Reichtum gewonnen. Auch fühlte sich die Stadt mit dem Heiligen Land noch mehr verbunden, seit der Erzbischof Lanfranchi 1203 für den Bau des Camposanto auf 53 Schiffen Erde aus Jerusalem nach Pisa mitbrachte.

Pisa mit seinen Erinnerungen an die Kreuzzüge war das geeignete Terrain für die Entfaltung ihres Eifers für die Kreuzfahrt. Am 1. Juli 1375 erließ Papst Gregor XI. eine Bulle an die Bischöfe, in der er die Gäubigen zur Teilnahme an einem Kreuzzug ins Heilige Land aufforderte. Diese Bulle erhielten auch die Provinziäle der Dominikaner und Franziskaner der römischen Provinz sowie Raimund von Capua. Damit wird vom Papst auch Katharina indirekt angesprochen und um Mitarbeit gebeten. Später hat Gregor XI. in einer Bulle vom 17. August 1376 an Raimund »die sehr fruchtbare Arbeit zum Heil der Seelen, für die Kreuzfahrt und für andere der heiligen römischen Kirche geleisteten Dienste« Katharinas gewürdigt (Documenti 38). Wahrscheinlich in der Mitte des Jahres 1375 hat sie eine ganze Reihe von Briefen an Königinnen, Könige, Fürsten, Heerführer und andere einflußreiche Personen geschrieben, um sie zur Teilnahme am Kreuzzug aufzufordern. Sie erhielt auch einige Zusagen, wie z.B. von der Königin Johanna von Neapel. Damit wuchs bei ihr die Hoffnung, daß der Kreuzzug stattfinden werde und daß sich dafür die italienischen Staaten mit dem Papst zusammenschließen würden. Sie sah im Kreuzzug ein Mittel für den Frieden und die Einheit Italiens. Aber damit hatte sie sich getäuscht. Die Zeit der Kreuzzüge war vorbei. Spätestens mit dem Schisma der Kirche 1378 wurde ihr bewußt, daß an einen Kreuzzug nicht mehr zu denken war, und damit verschwand auch diese Idee aus ihren Briefen.

Stigmatisierung

Während der Zeit ihrer schweigenden Zurückgezogenheit im Elternhaus lernte Katharina, auf Gottes Gegenwart zu achten und mit allen Gedanken und Empfindungen ständig gesammelt bei ihm zu verweilen. Sie hatte Raimund berichtet, daß Christus selber sie dazu angeleitet habe. »Wenn du stets an mich denkst, so werde auch ich stets an dich denken … Kümmere dich weder um das Wohl deines Leibes noch um das Wohl deiner Seele. Denn ich verstehe das besser als du … Schau du unterdessen nach deinen Gedanken, daß sie mich suchen und immer um mich her sind, denn das ist das Beste, was du tun kannst, das ist deine Bestimmung!« (Raimund 76).

Vertrauen wächst durch Erfahrung. Um Gottes ganze Fürsorge und Liebe konkret erleben zu können, mußte Katharina sich immer wieder selbstvergessen in Gott hinein loslassen. Die Ermutigung dazu fand sie im Vorbild biblischer Gestalten. Zu Maria Magdalena betete sie: »Sag mir, Magdalena, hast du, nachdem dir alle Sünden nachgelassen worden waren, deine Augen von jenem holden Jüngling abgewandt? … Selig bist du, weil es wohl wahr ist, daß du den Blick seit damals niemals mehr abgewandt hast« (Gebete aus den »Miracula«, Nr.1, zitiert nach Barth 36).

In ihren Briefen empfiehlt Katharina diese Übung immer wieder und rät, besonders das Leiden Christi anzuschauen und zu betrachten, um darin seiner Liebe und Barmherzigkeit innezuwerden. Das innere Auge, das »Auge des Geistes« oder das »Auge der Erkenntnis«, wie sie in ihren Briefen immer wieder sagt (Gnädinger 139, 189, 201, 203; 98, 128), soll ständig wachsam auf Christus gerichtet sein, ja ihn geradezu fixieren, »dem Adler gleich« (zitiert nach Gnädinger 74). Denn alle Unwissenheit und Lauheit der Liebe gegenüber rühren daher, »weil wir das Auge zuhalten, denn wäre es offen und hätte es Jesus Christus den Gekreuzigten vor sich gestellt, verbliebe es so großer Gnade gegenüber nicht blind und undankbar. Deshalb sage ich Euch: haltet dieses Auge stets offen, richtet es auf das hingegebene und hingeschlachtete Lamm und haltet den Blick fest« (Brief an Monna Giovanna di Curado Maconi, zitiert nach Gnädinger 190).

Neben Maria Magdalena war ihr auch Paulus ein Vorbild. In einem Gebet sprach sie mit ihm: »Aufmerksam hast du dieses fleischgewordene Wort betrachtet, wie es durch die andauernden Leiden, die Es ertrug, die Ehre des Vaters und unser Heil erwirkte. Das erweckte in dir heftigen Durst und Verlangen, Leiden auszuhalten, so daß du alle anderen Dinge vergessen hast und gestehen mußtest, nur Christus Jesus zu kennen, und zwar den Gekreuzigten« (Gebetssammlung der Jünger Caterinas, Nr. 4, zitiert nach Barth 61). Und wie Paulus suchte auch Katharina mehr und mehr die Leidensgemeinschaft mit Christus, um so wie er vor Gott für die Welt eintreten und bitten zu können. Jesus lieben, so erfuhr sie, bedeutete, hineingenommen zu werden in seine Sendung.

Jede mystische Gnade, die sie empfangen hatte, brachte Katharina nicht nur Christus, sondern auch der Welt näher. Mit ihrer glühenden Liebe zu Jesus wuchs ihr Mitleiden mit der friedlosen, kranken Welt. Es wuchs in ihr die Sehnsucht, sich für das Heil der notleidenden Menschheit einzusetzen. Unter dieser Spannung zwischen der unendlichen Liebe und Barmherzigkeit Gottes auf der einen Seite und dem Elend der ichsüchtigen, für die Gnade blinden Menschen andererseits, litt Katharina so sehr, daß sie ihren Leib zur Versöhnung anbot. »Ich habe einen Leib, den ich Dir gebe und darbiete. Hier ist das Fleisch, hier ist das Blut: auslaufen und zergehen soll es, und meine Knochen auseinandergerissen werden für all jene, für die ich zu Dir bete, wenn es Dein Wille ist« (Gebetssammlung der Jünger Caterinas, Nr. 1, zitiert nach Barth 49).

Sie wurde so stark in die opferbereite Hingabe Jesu hineingezogen, daß sie sein Kreuzesleiden an ihrem Körper erlebte. Die Stigmatisation ereignete sich während ihres Aufenthaltes in Pisa am 1. April 1375 in der Kirche der heiligen Christina, die sie täglich mit ihrer »famiglia« besuchte. Das auf Holz gemalte Kruzifix, vor dem Katharina die Wundmale empfing, wird dem Maler Giunta Pisano (um 1250) zugeschrieben. Es wurde 1565 nach Siena gebracht und hängt heute in der Capella del Crocifisso im Haus der Katharina. An diesem Tag, einem Sonntag, war Katharina nach der Kommunion wieder in eine lang anhaltende Ekstase gefallen, als ihre Anhänger beobachteten, wie sie sich plötzlich aufrichtete, ihre Arme weit ausbreitete und nach einiger Zeit ebenso abrupt wie getroffen zusammenbrach. Nachdem sie aus der Ekstase zurückgekehrt war, vertraute sie Raimund an, daß sie nun, nur für sie selber sichtbar, die Wundmale Christi trage. Katharina versuchte, das Erlebnis zu schildern. »Ich schaute Christus am Kreuz in strahlendem Glanz. Er neigte sich zu mir herab, und ich wollte ihm, meinem Schöpfer, stürmisch entgegeneilen; ich richtete mich deshalb

Giunta Pisano, Kreuz der Stigmatisierung
(Siena, Haus der hl. Katharina)

schnell auf. Nun zuckten fünf blutrote Strahlen aus seinen heiligen Wundmalen hervor und trafen mich mitten auf mein Herz, meine Hände und Füße. Im gleichen Augenblick durchfuhr es mich, was dies bedeute, und ich schrie auf: ›Ach, Herr, mein Gott, niemand soll diese Wunden an mir sehen, ich flehe dich an!‹ Ich redete noch, als sich das blutige Rot der Strahlen, bevor sie mich erreicht hatten, in gleißende Helle verwandelte, und als reines Licht fielen sie mir auf Herz, Hände und Füße« (Raimund 172).

Die Schmerzen waren so unerträglich, daß Katharina glaubte, nur durch ein Wunder noch einige Tage zu überleben. Sie konnte sich nicht mehr aufrechthalten und verlor häufig das Bewußtsein, so daß die verzweifelten Anhänger ihren baldigen Tod befürchteten. Am darauffolgenden Sonntag wurden die schmerzenden Stigmata während der Kommunion wieder von blitzartigen Lichtstrahlen getroffen. Doch mit Erstaunen stellten ihre Freunde fest, daß sie dieses Mal daraus Kraft zu empfangen schien und sich sichtlich erholte, und Katharina bestätigte dies: »Jene Wunden schaden nicht nur nicht dem Körper, sondern kräftigen und stärken, so daß, was früher Schmerzen bereitete, jetzt, wie ich selbst fühle, Stärkung bewirkt« (Acta 911).

Die mystische Gnade der Stigmatisierung war nun das außerordentlichste Zeichen der Vereinigung und Gleichgestaltung mit Christus, das Katharina geschenkt wurde. Die schon längst bestehende seelisch-geistige Leidensgemeinschaft fand ihren körperlichen Ausdruck. Ihre Scheu davor, daß die Wundmale sichtbar würden, kam aus der Überzeugung, daß allein die innere Gleichgestaltung mit Jesus wesentlich ist. Und da sich nicht nur ihre apostolische, kirchliche und politische Tätigkeit, sondern auch ihr geistliches und mystisches Leben in aller Öffentlichkeit abspielte und sie ständig von Menschen umgeben war, hätten die sichtbaren Wundmale sicher viel Aufsehen, Neugierde, Ablehnung oder Schwärmerei verursacht.

Die blutroten Strahlen, die vom Kreuz her aus den Wundmalen Christi herausflammten, wandelten sich in reines Licht, ehe sie Katharinas Körper trafen. Sie wurde nicht nur mit dem leidenden, gekreuzigten Herrn eins, sondern empfing auch die Kraft des auferstandenen und verklärten Christus. Die Wunden wurden – nach Tagen voller Qual und Schmerz – zur Kraftquelle und Stärkung.

Katharinas Mystik bewirkte keinen Rückzug ins Individuelle und Private, vielmehr führte sie zur vollständigen Identifikation mit Gottes Liebe und Erbarmen für die Welt und somit mitten hinein in die sozialen, politischen und kirchlichen Probleme und Auseinandersetzungen ihrer Zeit.

Avignon

Katharina hatte fast das ganze Jahr 1375 in Pisa verbracht, ausgenommen ihre Besuche in Siena im Juni/Juli und in Lucca im September. Anfang 1376 war sie in ihre Heimatstadt zurückgekehrt. Die politische Lage hatte sich verändert. Am 4. Juni 1375 hatte der päpstliche Legat Wilhelm von Noëllet mit Bernabò Visconti einen Waffenstillstand geschlossen, der in der Toscana große Besorgnis auslöste, weil die englischen Söldner nun arbeitslos waren, denn dann mußte man damit rechnen, daß sie raubend und zerstörend umherziehen würden. Giovanni Acuto erschien mit seiner Truppe vor Florenz, und die Stadt mußte sich für eine hohe Summe einen Waffenstillstand erkaufen. Die Florentiner streuten das Gerücht aus, diese Söldnerheere ständen im Dienste des Papstes und sollten die freien Städte unter die Herrschaft der Kirche bringen. Florenz verbündete sich mit Mailand am 24. Juli 1375 zu einer Liga gegen den Papst und suchte, die anderen Städte zum Beitritt zu bewegen. Siena schloß sich am 27. September 1375 der Liga an. Florenz ging aber noch weiter und wiegelte die Städte des Kirchenstaates gegen die päpstliche Herrschaft auf, die durch französische Legaten ausgeübt wurde. Perugia rebellierte am 7. Dezember 1375 gegen den am meisten gehaßten Legaten Gérard du Puy, Abt von Marmoutier und ein Neffe des Papstes. In der Historia di Perugia heißt es über ihn: »Der Abt du Puy verwaltete Perugia mit abscheulicher Tyrannei. Die Stadt ging gebeugt unter unerträglichen Steuerlasten, die Bürger jedoch, ob hoch oder niedrig, waren zugunsten der korrupten französischen Beamten von jeder Funktion ausgeschlossen. Gegen die Willkür der Mitarbeiter du Puys wurde nichts unternommen. Wenn jemand, dem man Unrecht getan hatte, eine Klage einreichte, wurde er mit grobem Zynismus empfangen, und die Klage wurde ohne ordentliche Rechtsprechung beiseite gelegt« (zitiert nach van Doornik 90). Der Aufstand Perugias hatte eine Signalwirkung für andere Städte des Kirchenstaates, die mit der Unterstützung von Florenz abfielen.

Dazu kam die Kardinalskreierung am 20. Dezember 1375, die in Italien als Herausforderung empfunden wurde. Der Papst berief sieben Franzosen, darunter drei seiner Verwandten, einen Spanier und einen Italiener ins Kardinalskollegium, in dem ohnehin schon die französische Partei über die beherrschende Mehrheit verfügte.

Katharina war von ihrer Herkunft her eine »popolana«, eine Frau aus dem einfachen Volk eines freien Stadtstaates. Diese Menschen zählten zu den treuesten Anhängern des Papstes in Italien. Sie liebten aber auch ihre Heimat und waren stolz auf ihre bürgerlichen Freiheiten und ihre politische Selbständigkeit. Katharina wurde in diesen Auseinandersetzungen hin- und hergerissen. Sie unterschied nicht zwischen dem Papst, »dem Christus auf Erden«, als dem Oberhaupt der Kirche und dem Herrscher des Kirchenstaates. So bedeutete für sie die Rebellion gegen die Herrschaft des Papstes Ungehorsam gegenüber der Kirche und damit gegenüber Christus. Die Ursachen für den Aufstand gegen die Kirche sah sie in den »schlechten Hirten«, den Bischöfen und Prälaten, und in der Abwesenheit des Papstes von Rom. Sie schrieb wahrscheinlich im Januar 1376 aus Siena an Gregor XI. ihren ersten von vierzehn erhaltenen Briefen. Wie gewöhnlich beginnt sie mit einer »Predigt«, einer spirituellen Darlegung. Diesmal geht sie vom Bild des Baumes aus, um zur Selbsterkenntnis und Umkehr aufzurufen. Dann folgen ihre konkreten Forderungen: »Ich will, daß Ihr ein wahrer und guter Hirte seid, der, hätte er hunderttausend Leben, bereit wäre, sie alle zur Ehre Gottes und dem Heil der Menschen hinzugeben. O mein Vater, liebster Christus auf Erden!... Sorget einzig für die geistlichen Belange, für gute Hirten und gute Vertreter in Ihren Städten, denn durch die schlechten Hirten und Vertreter kam es zur Rebellion. Schaffet da Abhilfe und stärkt Euch in Christus Jesus, und fürchtet nichts ... Ich habe vernommen, Sie hätten Kardinäle ernannt. Ich glaube, es gereichte zur Ehre Gottes und wäre besser für Euch, wenn Ihr Euch bemühtet, nur tugendhafte Männer auszuwählen. Tut man das Gegenteil, wird es eine Schmach für Gott und eine Verderbnis für die heilige Kirche sein« (zitiert nach Gnädinger 134-137). Acht der neun Kardinäle wurden als ungeeignet für dieses hohe Amt angesehen, während Gregor XI. selbst, ein frommer und gebildeter Mann, ein guter Papst war, abgesehen von seinem Nepotismus (Verwandtenbegünstigung). Katharina hatte dies in einem Brief an den päpstlichen Nuntius Berengar von Lézat, der sie brieflich um Rat gefragt hatte, kritisiert. Der Papst müsse zwei Dinge beseitigen: »Das eine ist die zu große Nachgiebigkeit und Sorglichkeit seinen Verwandten gegenüber ... Das andere ist die zu große Weichheit, begründet in einem übergroßen Mitleid« (zitiert nach Strobel 78). Mit 18 Jahren war Gregor XI. von seinem Onkel, Papst Clemens VI., zum Kardinal ernannt worden. Im Alter von 42 Jahren wurde er 1370 zum Papst gewählt.

Nach diesem Brief Katharinas, in dem sie ihn auch aufgefordert hatte, sich um Pisa und Lucca (siehe oben) zu bemühen, kümmerte sich der Papst selbst um die italienischen Angelegenheiten und überließ sie nicht mehr einfach seinen Legaten. Er bat die Königin von Neapel und den Dogen von Venedig um Vermittlung, weil er eine friedliche Lösung anstrebte. Aber die Verhandlungen scheiterten an der ablehnenden Haltung von Florenz. Am 11. Februar 1376 wurde Florenz das Interdikt angedroht und die Regierung der Republik auf den 31. März nach Avignon geladen, um sich vor dem Papst zu verantworten. In Florenz hatten aber die Ghibellinen die Mehrheit, nicht mehr wie früher die guelfisch-päpstliche Partei. Katharina schrieb an Niccolò Soderini, ihren Freund bei den Guelfen: »Ich bitte Euch, Niccolò, bei der unaussprechlichen Liebe, mit der Gott uns geschaffen und so gütig losgekauft hat, daß Ihr Euch entsprechend Euren Kräften bemüht, alles zu tun, um den Frieden und die Einheit zwischen Euch und der heiligen Kirche zu stiften, damit Ihr und die ganze Toscana nicht gefährdet seid« (Lettere 3,71). Wahrscheinlich hatte Soderini nicht viel erreicht,

Avignon – Papstpaläste

denn die Signoria entsprach der Aufforderung des Papstes nicht ganz, sondern schickte nur drei Gesandte nach Avignon, um sich zu rechtfertigen. Währenddessen fuhr Florenz fort, andere Städte gegen den Papst aufzustacheln. Pisa und Lucca traten am 12. März 1376 der antipäpstlichen Liga bei. Katharina hatte noch im Januar von der Entscheidung Luccas gehört, sich der Liga anzuschließen, und sofort den »Ältesten« geschrieben, um ihren Beschluß rückgängig zu machen. Am 20. März 1376 lehnte sich Bologna mit Hilfe der Florentiner gegen die päpstliche Herrschaft auf. Für die Friedensverhandlungen bedeutete das eine erhebliche Verschlechterung, und das Interdikt rückte bedrohlich näher. In dieser äußerst gespannten Lage suchte man Fürsprecher beim Papst. Wahrscheinlich auf Vorschlag Soderinis schickten die Florentiner Raimund von Capua im März nach Avignon. »Zuerst ordneten sie an, daß ich im Namen der Jungfrau Katharina zum Papst gehen sollte, um seinen Zorn abzuwenden. Dann ließ man auch sie nach Florenz kommen«, schreibt Raimund (Acta 965). Er wurde von Fra Giovanni Tantucci und Fra Felice da Massa begleitet. Katharina gab einen Brief an Gregor XI. mit, in dem sie ihm zunächst sagt, daß er durch Gottes Gnade beauftragt ist, Frieden zu bringen. Dann mahnt sie wieder zur Reform des Klerus: »Sie sollen im Garten der heiligen Kirche, dessen Hüter Sie sind, die stinkenden Blumen ausrotten, die voll Schmutz und Gier und vom Stolz aufgebläht sind. Das sind die schlechten Hirten und Hüter, die diesen Garten verpesten und ihn verfallen lassen. Um Gottes willen, gebrauchen Sie Ihre Macht, reißen Sie diese Blumen aus und werfen Sie sie hinaus, damit sie nichts mehr zu regieren haben. Sie sollen sich selbst erkennen und regieren lernen in einem heiligen und guten Leben. Pflanzen Sie wohlriechende Blumen hinein, Hirten und Regenten, die wahre Diener des Gekreuzigten sind, die nur die Ehre Gottes und das Heil der Seelen im Auge haben und wahre Väter der Armen sind. Ach wie sehr muß man sich schämen, wenn man jene, die ein Vorbild in freiwilliger Armut sein und das Kirchengut an die Armen verteilen sollten, in den Kostbarkeiten, im Pomp und in der Eitelkeit der Welt schwelgen sieht. Tausendmal schlimmer treiben sie es, als wenn sie in der Welt leben würden. Sogar viele Laien beschämen durch ihr sittlich gutes Leben diese Prälaten« (zitiert nach Strobel 34). Als wahre Prophetin brandmarkt Katharina die üblen Zustände, die die Kirche in Verruf bringen. Eine Reform wird eine wesentliche Voraussetzung für den Frieden sein. Dann nennt sie noch zwei andere Bedingungen und fährt mit ihren Mahnungen fort: »Ihre Rückkehr und die Entrollung der Kreuzzugsfahne. Lassen Sie sich davon nicht abbringen, durch keinen Ärger und durch keine Rebellionen von Städten … Verzögern Sie Ihre Rückkehr nicht … Kommen Sie doch bald voller Milde, ich beschwöre Sie. Antworten Sie auf den Ruf des Heiligen Geistes. Ich sage Ihnen, kommen Sie, kommen Sie, warten Sie nicht auf die Zeit ... Kommen Sie in Milde, nur mit den Waffen und in der Kraft der Liebe ... Ich sage es Ihnen im Auftrag des Gekreuzigten. Hören Sie nicht auf die teuflischen Ratgeber, die das heilige und gute Werk verhindern wollen. Seien Sie doch nicht furchtsam, sondern ein beherzter Mann! Hören Sie auf den Ruf Gottes! Kommen Sie und nehmen Sie den Stuhl des hl. Petrus in Besitz, und dann richten Sie das Banner des heiligen Kreuzes auf. Denn wie wir nach dem Wort des hl. Paulus durch das Kreuz erlöst wurden, so werden wir auch jetzt durch die Erhebung des Kreuzzugsbanners, der Christenheit Trost, wieder befreit werden von all dem Krieg und dem inneren Zwist und der Gottlosigkeit, und die Ungläubigen werden den Glauben erlangen. Wenn Sie so kommen, werden Sie auch die Besserung der Hirten der Kirche erreichen. Sie werden ihr wieder das lebensvolle Rot der glühenden Liebe zurückbringen, das sie verloren hat. Soviel Blut haben ihr die gottlosen Blutsauger ausgesogen, daß sie blaß geworden ist.« Mit Hartnäckigkeit beschuldigt sie immer wieder die schlechten Hirten, die Ursache für den Krieg zu sein. Dann mahnt sie erneut: »Lassen Sie sich nicht vom Frieden abhalten durch die Vorgänge in Bologna. Kommen Sie trotzdem ... Hören Sie aufmerksam auf das, was P. Raimund Ihnen sagen wird und seine Begleiter, die im Auftrag des Gekreuzigten und in meinem Namen kommen« (ebd. 35ff). Nirgendwo finden sich Anzeichen dafür, daß der Papst durch die freimütigen Briefe Katharinas verärgert gewesen wäre. Er zog es vor, die Wahrheit zu erfahren, die ihm oft von der Kurie vorenthalten wurde. Manche Forderungen der Heiligen waren naiv und zeugten von wenig Kenntnis realpolitischer Zusammenhänge. Aber ihre Ermahnungen überzeugten, weil sie als eine »santa« angesehen wurde und keine eigennützigen Ziele verfolgte.

Katharina begab sich nach Florenz und schrieb dort noch vor Ostern, dem 13. April 1376, einen Brief an die Signori der Stadt, der als Vorbereitung auf ein Gespräch gedacht war: »Dies ist das Osterfest, das meine Seele mit Euch zu begehen wünscht: daß Ihr friedfertige Söhne seid und nicht aufrührerisch Eurem Oberhaupt gegenüber, vielmehr untergeben und gehorsam bis zum Tod ... Versöhnt Euch und schließet Frieden mit ihm und verbleibet nicht länger im Krieg ... Werft Euch in die Arme Eures Vaters, und er wird Euch mit Wohlwollen aufnehmen, wenn Ihr dies tut, und Ihr werdet geistlich und zeitlich Frieden und Ruhe haben, Ihr und die ganze Toscana ... Wenn Ihr Euch nicht zu gutem Frieden entschließt, stehen Euch und der ganzen Toscana schlimmere Zeiten bevor, als unsere Vorfahren sie je kannten.« Katharina schreibt aus großer Sorge um ihre Heimat und warnt eindringlich die Regierenden von Florenz. Am Schluß des Briefes bietet sie ihre Dienste an: »Wenn sich durch mich irgend etwas zur Ehre Gottes und zu Eurer Einheit mit der heiligen Kirche wirken läßt, bin ich bereit, wenn nötig, das Leben zu geben« (zitiert nach Gnädinger 146ff).

Nach Anhörung der drei Florentiner Gesandten sprach der Papst am 31. März 1376 über die Regierenden, d.h. die »Acht Kriegsherren« (Otto di Guerra) und die 51 Mitglieder der Signoria die Exkommunikation aus und verhängte über die Stadt und alle außerhalb lebenden Florentiner das Interdikt. Diese harten Kirchenstrafen traten erst am 11. Mai 1376 in Kraft, weil der Papst noch auf das Einlenken der Florentiner gehofft hatte. Der Exkommunizierte wurde nicht nur vom Empfang der Sakramente ausgeschlossen, sondern war auch bürgerlich ein Geächteter. Man durfte mit ihm nicht verkehren und keine Geschäfte durchführen. Das Interdikt verbot alle Gottesdienste und die Spendung der Sakramente. Mit der Stadt durften keine Handelsbeziehungen aufrechterhalten werden, alle Verträge wurden für nichtig erklärt und das Vermögen der Florentiner wurde beschlagnahmt.

Für uns ist eine solche Maßnahme nur schwer zu begreifen; denn mit geistlichen Mitteln sollen politische Entscheidungen erzwungen werden. Das hängt damit zusammen, daß der Papst eben kirchliche und weltliche Macht ausübte. Diese Strafen trafen die Florentiner hart und gefährdeten ihre wirtschaftliche Entwicklung und ihre führende politische Stellung. Der Papst rüstete gleichzeitig zum Krieg. Im April hatte er 10 000 bretonische Söldner angeworben. Sie sollten am 15. Mai unter Führung des Kardinals Robert von Genf aufbrechen. Katharina hörte davon und schrieb dem Papst: »Die Leute, die Ihr besoldet habt, hierher zu kommen, haltet auf und veranlaßt, daß sie nicht kommen, denn es würde eher verderben als in Ordnung bringen« (zitiert nach Gnädinger 153). Im gleichen Brief kündigte sie ihr Kommen nach Avignon an.

Wahrscheinlich waren es Niccolò Soderini, der der Signoria angehörte, und seine Freunde der Guelfen-Partei, die Katharina baten, nach Avignon zu reisen, um beim Papst für Florenz Fürsprache einzulegen. Ende Mai 1376 verließ die Heilige in Begleitung von Alessia, Lisa, Fra Bartolomeo Dominici, Stefano Maconi, den drei Brüdern Buonconti aus Pisa und anderen ihrer »famiglia« Florenz. Die Reisegesellschaft zählte 23 Personen. Nach einer alten Tradition reisten sie über Bologna, um am Grab des hl. Dominikus zu beten. Am 18. Juni 1376 trafen sie in Avignon ein.

Der Papst stellte Katharina und ihrer Begleitung ein Haus mit einer Kapelle zur Verfügung. Bereits zwei Tage nach ihrer Ankunft wurde sie vom Heiligen

Vater empfangen. Er kannte sie durch ihre Briefe und durch Berichte anderer, wie z.B. durch Raimund von Capua. Sie trug Gregor XI. ihre großen Anliegen vor: der Friede mit Florenz, der Kreuzzug und die Rückkehr des Papstes nach Rom. Raimund war als Übersetzer bei dem Gespräch dabei, weil der Papst lateinisch sprach und Katharina toscanisch. Bezüglich des Friedens mit Florenz hat man später Katharinas Rolle in Frage gestellt. Raimund ruft sogar Gott als Zeugen an, daß Gregor XI. »den Frieden in die Hände der Jungfrau gelegt und gesagt habe: Damit du klar siehst, daß ich den Frieden will, lege ich ihn in deine Hände« (Acta 965). Die Gesandten von Florenz, mit denen zusammen Katharina die Verhandlungen führen sollte, waren noch nicht angekommen, als sie am 28. Juni 1376 an die »Acht Kriegsherren« von Florenz schrieb: »Ich sprach mit dem Heiligen Vater: er hörte mich … an und bezeugte eine innige Friedensliebe … Nachdem ich eine geraume Zeit mit ihm hin- und hergeredet hatte, sagte er zum Abschluß der Unterredung, daß, wenn es sich so verhielte, wie ich ihm über Euch berichtet habe, er bereit sei, Euch als Söhne aufzunehmen und mit Euch zu tun, wie es mir recht erscheine« (zitiert nach Gnädinger 162). Mit den Worten »wenn es sich so verhielte« hat der Papst wohl schon angedeutet, daß die Florentiner Katharina über ihre wahren Absichten im Unklaren ließen und die Heilige nur benutzten, um bei Gregor XI. ein Entgegenkommen zu erreichen, während sie selbst nicht nachgeben wollten. Nach Raimund soll der Papst später gesagt haben: »Glaube mir, Katharina, diese haben dich getäuscht und sie werden dich täuschen. Sie werden keine Gesandten schicken, und wenn sie sie schicken sollten, wird ihre Gesandtschaft keine Vollmacht haben« (Acta 965). Die Gesandten von Florenz trafen erst nach dem 13. Juli in Avignon ein. Sie taten so, als hätte es keine Absprachen mit der Signoria über den Auftrag Katharinas gegeben. Zu dem Gespräch mit dem Papst, das nur durch Vermittlung Katharinas zustande kam, ließen sie die Heilige nicht zu. Da sie keinen aufrichtigen Willen zum Frieden bekundeten und sie Katharina so getäuscht hatten, blieb der Papst bei seinen Friedensbedingungen, die Liga aufzulösen und eine Entschädigung von drei Millionen Florin zu bezahlen. Doch dazu waren sie nicht bereit. Die Gesandten kehrten nach Florenz ergebnislos zurück. Der Krieg ging weiter. Zu seiner Finanzierung beschlagnahmte Florenz das gesamte kirchliche Vermögen.

Katharina verstand nichts von Diplomatie und durchschaute nicht das Ränkespiel der Politiker. Sie nahm die Worte, so wie sie gesprochen wurden, für wahr. So mußte sie eine schwere Enttäuschung erfahren. Dieser Mißerfolg hinderte sie aber nicht daran, sich auch weiter um die Versöhnung zwischen dem Papst und der italienischen Liga zu bemühen.

Rückkehr des Papstes nach Rom

Seit 1309 residierten die Päpste in Avignon an der Rhône. Da sie alle Franzosen waren, fühlten sie sich dort wohler als in Italien. Während der Kirchenstaat durch Parteikämpfe erschüttert wurde, konnte man in der Rhônestadt ein angenehmes Leben in Frieden führen. Die Päpste bauten zwei Paläste, weil sie den Aufenthaltsort dort nicht mehr als Provisorium ansahen. Da die Päpste in Avignon zudem unter dem Einfluß des französischen Königs standen, sprach man vom »Babylonischen Exil«. Für den Kirchenstaat und das Ansehen des Papstes als Oberhaupt der universalen Kirche hatte dies schwerwiegende Folgen. Deswegen wurde immer wieder die Rückkehr des Papstes nach Rom gefordert, besonders von Kaiser Karl IV., Petrarca und der hl. Birgitta von Schweden. Kardinal Albornoz hatte als päpstlicher Legat von 1353 an den Kirchenstaat befriedet und neu geordnet, so daß er als der zweite Gründer des Kirchenstaates gilt. Damit waren eigentlich die Voraussetzungen für die Rückkehr des Papstes nach Rom geschaffen. Urban V. (1362-1370), der die Pflichten seines hohen Amtes sehr ernst nahm, entschloß sich gegen viele Widerstände zur Rückkehr nach Rom. Der Kaiser war persönlich nach Avignon gekommen, um den Papst zu drängen. Am 4. Juni 1367 betrat Urban V. in Corneto (heute: Tarquinia) wieder den Kirchenstaat. Bevor er am 16. Oktober in Rom einziehen konnte, war Kardinal Albornoz am 23. August gestorben. Rom und der Kirchenstaat wurden erneut unsicher infolge von Unruhen, Parteikämpfen und umherziehenden Söldnerbanden. Unter dem Einfluß der französischen Kardinäle kehrte der Papst im September 1370 wieder nach Avignon zurück, wo er schon am 19. Dezember starb, wie es die hl. Birgitta vorhergesagt hatte.

Sein Nachfolger Gregor XI. trug sich auch mit dem Gedanken, nach Rom überzusiedeln. Er schrieb an den deutschen Kaiser: »Seit unserer Berufung in das höchste Amt der Hierarchie haben wir uns ständig danach gesehnt und sehnen uns weiter unablässig danach, an den Ort zurückzukehren, an dem unser päpstlicher Thron steht, und mit unserem ganzen Herzen dort zu bleiben« (zitiert nach van Doornik 134). Obwohl der Papst entschlossen war, dies auch zu verwirklichen, zögerte er und war angesichts der großen Widerstände von seiten des französischen Königs, der Kardinäle, seiner Verwandten und natürlich auch der Bürger von Avignon unsicher, ob er es tun sollte oder nicht. Gregor XI. befragte gerne Visionäre, um durch ihre Offenbarungen den Willen Gottes zu erfahren. So hatte er auch die hl. Birgitta von Schweden um ihre Fürbitte und um die Offenbarung des Willens Gottes gebeten. Sie hatte ihm mitgeteilt, daß er nicht nur seine weltliche Herrschaft, sondern auch sein geistliches Amt verlieren würde, wenn er nicht bald nach Italien zurückkehre. Birgitta starb am 23. Juli 1373 in Rom. Nun sollte Katharina von Siena an die Stelle dieser Seherin aus dem Norden treten. Der Papst bat sie, für ihn zu beten.

Als sie nach Avignon kam, ließ er sie zuerst von drei Theologen auf ihre Rechtgläubigkeit prüfen. Wie Fra Bartolomeo Dominici berichtet, habe Papst Gregor XI. Katharina für eine »Heilige« gehalten. Angesichts des Widerstandes fast aller Kardinäle und Kurienbeamten sowie des französischen Königs gegen seine Abreise nach Rom, habe er sie gefragt, ob es ihr gut scheine, die geplante Reise auszuführen: Sie habe demütig geantwortet, daß es ihr als kleine schwache Frau nicht gezieme, dem Papst einen Rat zu geben. Er habe geantwortet: »Ich bitte dich nicht, mich zu beraten, sondern daß du mir zu dieser Sache den Willen Gottes kundtust« (Prozeß von Castello 300f). Katharina hatte schon von Italien aus im »Auftrag des Gekreuzigten« den Papst aufgefordert, nach Rom zurückzukehren. Und diese Mahnungen wurden von Brief zu Brief stärker. »Kommen Sie, o kommen Sie und widerstehen Sie nicht länger dem Rufe Gottes. Die ausgehungerte Herde wartet auf Sie, daß Sie den Stuhl Ihres Vorgängers, des Apostelfürsten Petrus, in Besitz nehmen. Als Stellvertreter Christi sollen Sie an dem Ort sich niederlassen, der allein Ihnen zukommt. Kommen Sie also, kommen Sie und zögern Sie nicht länger. Fassen Sie Mut … Denn Gott wird mit Ihnen sein«, schrieb sie Anfang März aus Siena (zitiert nach Strobel 32f). In Avignon konnte Katharina erfahren, gegen welch großen Widerstand der Papst kämpfen mußte, um seinen Entschluß zur Abreise nach Rom aufrechtzuerhalten. Sie teilte ihm in einem Brief mit, was Jesus ihr aufgetragen hatte: »Sag ihm, das soll ihm als Zeichen dienen dafür, daß seine Rückkehr mein Wille ist: je mehr die Widerstände wachsen, desto mehr wird er in sich eine Kraft wachsen fühlen, die niemand ihm nehmen kann, obwohl es gegen seine natürliche Veranlagung ist« (zitiert nach Strobel 47). In der vollen Überzeugung ihrer Sendung schrieb sie dem Papst und stellte ihm Jesus Christus als Vorbild vor Augen, dessen Stellvertreter auf Erden er sei: »Ich bitte beständig den süßen, guten Jesus, er möchte Ihnen die knechtische Furcht nehmen und Ihnen die heilige Furcht schenken und eine brennende Liebe, die Sie nicht auf die Einflüsterungen der fleischgewordenen Teufel hören und den Ratschlägen verderbter, selbstsüchtiger Räte folgen läßt. Soviel ich vernehme, wollen sie Ihnen Furcht einjagen, um so Ihre Abreise zu verhindern, indem sie sagen: ›Das wird Ihr Tod sein.‹ Ich aber sage Ihnen im Auftrag des gekreuzigten Christus: Fürchten Sie sich auch nicht im geringsten, liebster Heiliger Vater! Kommen Sie vertrauensvoll, im Vertrauen auf Jesus Christus!... Wenn Ihre Umgebung Sie daran hindern will, sagen Sie ihnen kühn wie einst Christus zu Petrus, als ihn dieser in seiner Besorgnis vom Leidensweg zurückhalten wollte: ›Zurück, Satan, du bist mir zum Ärgernis, du hegst nicht Gottes Gedanken, sondern Menschengedanken. Willst du nicht, daß ich den Willen meines Vaters erfülle?‹ (Mt 16,23). Handeln Sie auch so, bester Vater! Folgen Sie ihm als sein Stellvertreter. Bleiben Sie fest in Ihrem Entschluß und sagen Sie ihnen: Wenn es mir tausendmal das Leben kostet, ich will den Willen meines Vaters erfüllen. Aber es kostet Ihnen das Leben nicht, es bleibt Ihnen erhalten ... Mein Vater, Fr. Raimund (von Capua) bat mich in Ihrem Auftrag, ich möchte für Sie wegen der Hindernisse zu Gott beten. Ich habe es schon immer getan, vor und nach der heiligen Kommunion. Ich sah weder Tod noch sonst eine Gefahr, wohl aber Gefahren von seiten Ihrer Ratgeber« (zitiert nach Strobel 38f).

Katharina kämpfte unermüdlich und zäh gegen diejenigen, die in der Umgebung des Papstes mit allen Mitteln versuchten, seine Reise nach Rom zu verhindern. Sie rang mit diesem beeinflußbaren und schwankenden Papst, um ihn bei seinem geäußerten Entschluß zu halten. In der bereits erwähnten Audienz bei Gregor XI. hatte Katharina ihn an das Gelübde erinnert, das er gemacht hatte, nämlich nach Rom zurückzukehren. Der Papst war darüber erstaunt, weil er keinem Menschen etwas davon gesagt hatte, und sah das als ein übernatürliches Zeichen an. »Damals entschied er, die Reise zu unternehmen, was er auch tat« (Prozeß von Castello 301). In der Umgebung des Papstes wird man wohl versucht haben, dem Einfluß Katharinas entgegenzuwirken.

Da man wußte, wie sehr Gregor auf Seher und »Heilige« hörte, schickte man ihm einen Brief, der fälschlicherweise einem bekannten heiligmäßigen Mann zugeschrieben wurde. Dieser warnte den Papst im Namen Gottes vor der Abreise nach Rom. Gregor ließ den Brief Katharina zukommen, um ihre Meinung zu erfahren. Sie durchschaute sofort die ganze Sache. Der Name des heiligmäßigen Mannes, der hier mißbraucht wurde, ist unbekannt. Katharina muß ihn aber gekannt haben. Es ist köstlich zu lesen, wie sie in ihrem Antwortschreiben diesen Brief auseinandernimmt: »Das klingt so demütig fromm: ›Wenn man mir öffnet, werde ich eintreten und Wohnung nehmen.‹ Aber dieses Gewand der

F. Messina, Katharina-Denkmal (Rom, Engelsburg)

Frömmigkeit legt er sich zu, damit er um so leichter Glauben finde. Wie herrlich ist doch diese Tugend der Demut, wenn der Stolz sich damit ummäntelt!... Der Brief gibt sich den Anschein, als komme er von einem heiligmäßigen Mann, und stammt doch von den gottlosen Ratgebern des Teufels, diesen Verbrechern am Gemeinwohl der Christenheit und an der Wiedergeburt der heiligen Kirche... Soweit ich zu sehen vermag, halte ich ihn nicht für den Verfasser. Die Worte klingen nicht nach einem Diener Gottes. Der Brief scheint mir gefälscht. Und nicht einmal gut gefälscht! Der Fälscher müßte noch in die Schule gehen; er ist ja dümmer als ein Schulbube.« Mit Spott und Ironie sucht sie den Schreiber des Briefes und seine Gesinnungsgenossen in den Augen des Papstes unmöglich zu machen. Dann widerlegt sie die Behauptung, in Rom stände schon das Gift bereit, um den Papst umzubringen: »Aber da muß ich schon sagen, daß solches Gift auch in den Kaufläden Avignons zu haben ist und überall, nicht nur in Rom ... Er (der Verfasser des Briefes) sät ja das schlimmste Gift aus, das je in der heiligen Kirche gesät wurde. Denn er will Sie hindern, den Willen Gottes und Ihre Pflicht zu erfüllen... Da Sie Ihre Rückkehr angekündigt und festgesetzt haben, wäre das Ärgernis, die Verwirrung und Enttäuschung zu groß, wenn man nun das Gegenteil vernehmen müßte ... Wenn Sie solche Schuld auf sich laden, daß Sie zurückbleiben ..., dann werden Sie entdecken müssen, daß man auf diese Weise den Leuten in Herz und Mund Gift träufelt... Deshalb sagte ich Ihnen, ehrwürdiger Vater, ich möchte Sie stark und standhaft in Ihrem guten Vorhaben sehen... Mein Schlußurteil geht dahin, daß der betreffende Brief nicht jenen Diener Gottes zum Verfasser hat, wie man Ihnen vorgemacht hat. Er ist nicht so weit weg entstanden. Ich glaube vielmehr, er ist ganz in der Nähe entstanden bei den Sklaven Satans, die Gott nicht fürchten« (zitiert nach Strobel 41ff).

In diesem Brief forderte Katharina, als sie gerade das Bild vom Säugling an der Mutterbrust gebrauchte, den Papst plötzlich auf: »Seien Sie nicht ein ängstlicher Säugling, sondern ein Mann.« Sie benutzte harte und freimütige Worte, durch die sich der Papst schon beleidigt fühlen konnte. Vielleicht könnte das der Grund gewesen sein, warum er sie nicht mehr empfing, obwohl sie um eine Audienz bat, und sie ihm in Avignon vier Briefe schrieb. Es kann aber auch sein, daß der Papst vor dem Kardinalskollegium seine Kontakte mit Katharina verheimlichen wollte. Fra Bartolomeo schrieb in seiner Zeugenaussage für den Prozeß von Castello: »Der Papst persönlich erlaubte ihr nicht, von Avignon abzureisen bis zu dem Tag, an dem er selbst wegging. Ja, er hat sie mit der ganzen »famiglia« von 22 Personen sogar drei Monate täglich ernährt und darüber hinaus ihnen ein geeignetes Haus mit allem Lebensnotwendigen zur Verfügung gestellt. Beim Abschied hat er ihnen für die Ausgaben unterwegs hundert Florinen gegeben« (317).

Am 13. September 1376, zum festgesetzten Termin, verließ der Papst mit seinem Hof Avignon und reiste nach Marseille. Von dort fuhr er mit Schiffen nach Genua, wo er am 18. Oktober eine Zwischenlandung machte. Dort versuchten die Kardinäle nochmals, den Papst umzustimmen, wieder nach Avignon zurückzukehren. Aber Gregor blieb standhaft. Er soll heimlich Katharina aufgesucht haben, wie Tommaso da Siena berichtet. Katharina war wohl mit den Ihrigen zur gleichen Zeit abgereist, wahrscheinlich auf dem Landwege über Marseille, Toulon nach Varazze bei Genua, wo sie am 3. Oktober 1376 eintrafen. Von dort ging es bald weiter nach Genua, wo der Aufenthalt über einen Monat dauerte, »weil fast unsere ganze Gesellschaft krank war« (Prozeß von Castello 264). Die päpstliche Flotte verließ Genua am 28. Oktober und traf nach einer Zwischenlandung in Livorno am 5. Dezember 1376 in Corneto (Tarquinia) ein. Dort blieb der Papst bis zum 13. Januar 1377.

Katharina fuhr mit dem Schiff von Genua nach Livorno, wo sie am 25. November ankam. Sie reiste weiter nach Pisa. Am 8. Dezember hielt sie sich dort noch auf. Im Dezember oder erst im Januar kehrte sie nach Siena zurück. In dieser Zeit schrieb sie dem Papst nach Corneto. Sie ermahnte ihn zu Standhaftigkeit und Frieden: »Ich wünsche, Sie wären ein Baum an Liebe, eingepflanzt in der ewigen Liebe, im gekreuzigten Christus. Ein Baum, der zur Ehre Gottes und zum Heil der Herde seine Wurzeln tief in die Demut hineinsenkt. Sind Sie ein solcher Baum der Liebe, so tief verwurzelt, dann werden Sie in der Krone dieses Baumes die Frucht der Geduld und des Starkmutes finden und im Geäst der Mitte die Krone der Beharrlichkeit. Sie werden in all den Mühen Frieden, Ruhe und Trost finden, wenn Sie sehen, wie Sie im Leiden Christus, dem Gekreuzigten, gleichförmig werden. Im Erdulden um des Gekreuzigten willen werden Sie in Freude aus all dem Krieg zum großen Frieden gelangen« (zitiert nach Strobel 51).

Am 17. Januar 1377 hielt Papst Gregor XI. seinen feierlichen Einzug in die Ewige Stadt und ließ sich im Vatikan nieder, wo die Päpste seitdem residieren. Katharina erhoffte sich damit auch eine Reform der Kurie; denn Raimund berichtet, daß er als Dolmetscher bei der Papstaudienz dabei war, bei der sie sich über den päpstlichen Hofstaat beklagte, »denn sie müsse an ihm statt der paradiesischen Düfte eines heiligen Lebens den Gestank aller höllischen Laster einatmen.« Auf die Frage des Papstes, wie sie das nach ein paar Tagen beurteilen könnte, habe sie geantwortet, »daß die Sünden des päpstlichen Hofes bis nach Siena stinken«. Gregor XI. sei ob dieser freimütigen Rede verstummt (148). Die Hoffnungen der Heiligen auf eine Reform sollten sich nicht erfüllen.

Über den Anteil der hl. Katharina von Siena an der Rückkehr des Papstes nach Rom ist viel diskutiert worden. Raimund von Capua übertreibt wohl, wenn er schreibt: »Sie veranlaßte ihn, zu seinem eigentlichen Sitz in Rom zurückzukehren« (Acta 965). Der spätere Kartäuser Stefano Maconi, der mit nach Avignon gereist war, machte für den Prozeß von Castello eine Aussage, die wohl eher der Tatsache entspricht: »Der Papst ist in die Stadt Rom zurückgekehrt, wobei die heiligmäßige Jungfrau ihn unterstützte, jedoch auf göttlichen Befehl« (260). In diese Richtung geht auch das Urteil der Geschichte: »Caterina hat nicht den Entschluß der Rückkehr bei Gregor XI. bewirkt, wohl aber auf das wesentlichste bei der Ausführung des Planes mitgearbeitet« (Ludwig von Pastor 114). In der Papstgeschichte von Seppelt/Schwaiger heißt es, daß »die freimütigen Mahnungen dieser außerordentlichen Frau an den Papst, nach Rom zurückzukehren, endlich Erfolg gehabt haben« (232).

Katharinas Verdienst ist, daß sie mit ihren Mahnungen und ihrem Gebet Gregor XI. bestärkt hat, seinen ohne sie gefaßten Entschluß durchzuführen.

Im Dienst des Friedens

Nach ihrer Rückkehr aus Avignon im Januar 1377 blieb Katharina nur kurze Zeit in Siena. Dann machte sie sich mit ihren Anhängern auf den Weg nach Belcaro. Einer ihrer Jünger, Nanni di Ser Vanni Savini, hatte ihr aus Dankbarkeit für seine Bekehrung dort eine Burg überlassen, die sie zu einem Kloster umbauen wollte. Die Idee einer Klostergründung muß Katharina schon länger beschäftigt haben, denn die Erlaubnis dazu hatte ihr Gregor XI. bereits im Juli 1376 in Avignon erteilt. Einige Frauen, besonders aus reichen und adeligen Familien, hatten durch die Begegnung mit der Heiligen ihre Berufung zum Ordensleben gefunden. Ihnen wollte sie nun den Ort für ein kontemplatives Leben schaffen.

Zum Kommissar der Neugründung wurde der Abt von St. Antimo, Fra Giovanni di Ser Gano d'Orvieto, bestimmt, mit dem Katharina gut befreundet war, und dessen Rat in Fragen des Klosterlebens sie gerne einholte.

Der am 25.1.1377 von Katharina gestellte Antrag an die Stadt Siena, die Burg in ein Kloster umbauen zu dürfen, wird noch heute im Stadtarchiv aufbewahrt. Bereits im Frühjahr wurde das Kloster unter dem Namen »Santa Maria degli Angeli« eingeweiht. Die Nonnen sollten vorbildlich nach der Regel leben und so den Anfang für eine Reform innerhalb des Ordens machen. Das Kloster hatte keinen langen Bestand. Wahrscheinlich wurde Belcaro schon 1384 von den Salimbeni besetzt.

Katharina selber dachte aber nicht daran, seßhaft zu werden. Sie zog weiter durch die Toscana und besuchte die Kartäuser von Maggiano und das Kloster der heiligen Agnes in Montepulciano.

Vom Mai bis Oktober, vielleicht sogar bis Dezember 1377, hielt sie mit einer Gruppe von etwa zwölf Mitgliedern ihrer »famiglia« eine Volksmission im Orcia-Tal und im Amiata-Gebiet im südlichen »contado« (ländliche Umgebung) von Siena. Mit vier Mantellatinnen, drei bzw. vier Predigerbrüdern und vier jungen Männern zog sie nach dem Vorbild Jesu und seiner Jünger umher, von Dorf zu Dorf, um zu predigen. Wo sie mit ihrer »famiglia« auftauchte, strömten Menschen zusammen. »Ich habe selbst erlebt, daß die Leute, Männer und Frauen, zu

Tausenden herbeiströmten: Als ob eine unsichtbare Posaune das Signal geblasen hätte, stiegen sie von ihren Bergen herab und kamen aus ihren Dörfern rund um Siena hervor, um die heilige Bußschwester zu sehen und zu hören. Schon ihr bloßer Anblick, geschweige denn eine Unterredung mit ihr, reichte hin, daß sich mancher plötzlich seines schlechten Lebens schämte und verwirrt und voll Reue seine Sünden beichtete«, berichtet Raimund als Augenzeuge dieser wirksamen Evangelisierung Katharinas (136). Sie predigte und mahnte, half Kranken und Notleidenden und stiftete Frieden zwischen Zerstrittenen. Die Gruppe durfte aufgrund päpstlicher Erlaubnis einen Tragaltar mitführen, und die Priester hatten besondere Beichtvollmachten (Bulle vom 1.7.1376 und 17.8.1376). Die Ausstrahlung Katharinas war so stark, daß unzählige Menschen, betroffen und bewegt durch die Begegnung mit ihr, spontan tiefe Reue und den dringenden Wunsch nach Umkehr erlebten. Diese konnten dann sofort beichten. Raimund schildert. »Wie oft fehlte uns … sogar die Zeit, um rasch einen kleinen Imbiß herunterzuschlingen, und dennoch vermochten wir nicht, mit allen Beichtenden fertigzuwerden! Während Katharinas Selbstlosigkeit keine Grenzen kannte, gestehe ich offen, daß ich nicht immer auf der Höhe meiner Pflicht stand und unter dieser aufreibenden Seelsorge zuweilen stöhnte und verdrießlich wurde« (137).

Über die seelsorgliche Arbeit, in der Katharina und ihre Freunde einzelne Menschen zur Versöhnung und einem Neuanfang mit Gott führten, vergaßen sie den politischen Unfrieden nicht.

Der Konflikt hatte sich wieder zugespitzt. Robert von Genf hatte mit den bretonischen Söldnerheeren, die Gregor XI. gegen die Liga ausgesandt hatte, in Cesena Winterquartier bezogen. Die Truppen holten sich aus der Stadt ohne jede Bezahlung alles, was sie brauchten. Als sich die Bürger empört gegen die Plünderungen wehrten, wurden sie am 2. Februar 1377 zu Tausenden von den bretonischen Söldnern niedergemetzelt. Etwa 15 000 Einwohner der Stadt flüchteten. Das Verbrechen wog umso schwerer, als Cesena zu den wenigen dem Papst treu gebliebenen Städten gehörte.

Katharina war entsetzt und kritisierte in einem Brief an Gregor XI., daß die Kirche sich so sehr um den Erhalt des weltlichen Besitzes und der politischen Macht kümmerte und den wirklichen Auftrag vergaß: »Der eigentliche Schatz der Kirche ist das Blut Christi zur Erlösung der Seelen. Und dieses Blut wurde nicht vergossen um des weltlichen Besitzes willen, sondern zur Erlösung der Menschheit … Sie sind doch viel mehr verpflichtet, die verlorenen Schafe zurückzuholen, die der Reichtum der Kirche sind … Es ist also viel besser, das

Florenz – S. Maria Novella

Gold des weltlichen Besitzes fahren zu lassen als das Gold des geistlichen Besitzes … Güte, Liebe, Frieden! Das wird mehr helfen als Krieg« (zitiert nach Strobel 57). Aus dem ganz von ihrer Mystik geprägten Kirchenverständnis heraus redete sie wohl selbst an der Einsicht des Papstes vorbei, der sich von Amts wegen gerade dazu verpflichtet sah, für den Erhalt des Kirchenstaates zu kämpfen und über die ständigen Mißerfolge der politischen und kriegerischen Einsätze ernsthaft krank wurde. Für Katharina gab es nur einen Weg zum Frieden, und der führte über den Frieden mit Gott. In der Nachfolge Jesu soll der Mensch alles eigennützige Denken und Streben im persönlichen wie im sozialen und politischen Bereich überwinden, um dann Christi Gesinnung der Selbstlosigkeit und Liebe anzunehmen. Ist die Beziehung zu Gott im Persönlichen gestört, überträgt sich diese Unordnung in die großen Zusammenhänge. Hinter den kriegerischen Auseinandersetzungen erkannte Katharina das geistliche Elend: »Wir führen Krieg mit Gott!« lautete ihre klare, knappe Diagnose (Brief an Papst Gregor XI., zitiert nach Käppeli 257).

Raimund hatte inzwischen eine Unterredung mit dem Führer der florentinischen Guelfenpartei, Niccolò Soderini. Die meisten Bürger von Florenz waren kriegsmüde. Das Interdikt hatte sie so sehr in wirtschaftliche Bedrängnis gebracht, daß sie eine Einigung mit dem Papst herbeisehnten. Soderini machte den Vorschlag, die sogenannten »Acht Kriegsherren von Florenz«, die die Feindschaft gegen Gregor XI. immer wieder schürten, durch die Anwendung der »ammonitio« zu stürzen. Nach einem alten Recht durften die Guelfen eine Person in den Adelsstand erheben, der Geadelte durfte dann allerdings kein politisches Amt mehr ausüben. An die Stelle der auf diese Weise ausgeschalteten Politiker sollten Vertreter der Guelfen treten, die dann sofort mit dem Papst den Frieden schließen würden. Mit diesem Vorschlag ging Raimund nach Rom. Doch Gregor XI. verhielt sich zunächst abweisend. Er war verbittert darüber, daß seine Rückkehr nach Rom statt der von Katharina in Aussicht gestellten Befriedung und Bereinigung der politischen und kirchlichen Verhältnisse bisher nur Streit und Krieg gebracht hatte.

Weil Raimund erneut Prior des Konventes »Santa Maria sopra Minerva« geworden war, mußte er in Rom bleiben. Diese Trennung schmerzte Katharina sehr und sie scheute sich nicht, diesen Kummer in einem Brief an ihre Mitschwester Alessia anzudeuten, in dem sie von dem »Leiden … durch den Verlust jeglichen Trostes durch Geschöpfe« sprach (zitiert nach Drane 388). Sie sollte den ihr menschlich und geistlich engsten Vertrauten nur noch einmal Ende November/Anfang Dezember 1378 kurz in Rom wiedersehen.

Im Sommer und Herbst 1377 war Katharina mit ihrer »famiglia« Gast der mächtigen Familie Salimbeni auf deren Schloß Rocca d'Orcia. Hier gelang es ihr, einen Streit innerhalb der Familie zu schlichten. Hausherrin auf Rocca d'Orcia war die Witwe Gräfin Biancina Salimbeni, die dort mit ihrem Sohn Agnolino und den beiden Töchtern Benedetta und Isa lebte, die beide früh verwitwet waren. Die Gräfin Biancina hatte die Absicht, in das von Katharina gegründete Kloster einzutreten, und Isa wurde später Mantellatin.

Die Stadtväter von Siena reagierten mit Unmut und Mißtrauen auf den langen Aufenthalt Katharinas bei den Salimbenis, die als Staatsfeinde galten, und warfen ihr politisches Intrigenspiel vor. Doch sie erklärte in einem Brief »An die Verteidiger und an den Volkshauptmann der Stadt Siena« ihren Landsleuten, daß sie sich in all ihrem Tun ausschließlich nach dem Willen Gottes richte, der das Heil aller Menschen wolle. Versöhnung zu stiften und Frieden zu wahren, ohne Rücksicht auf persönlichen, wirtschaftlichen oder politischen Vorteil, sei der Auftrag eines jeden Christen. »Zu jeder Zeit, an jedem Ort und für jede Kreatur müssen wir wirken. Bei Gott gilt kein Ansehen des Ortes oder der Person, sondern nur das heilige, aufrichtige Verlangen« (zitiert nach Käppeli 267). Sie mahnte die Stadtherren, sich nicht von Machtgier und Eigensucht treiben zu lassen, denn »ich sehe, daß man kein wahrer Herrscher sein kann, wenn man sich nicht selbst beherrscht« (ebd. 264). Und sie beteuerte: »Trotz der Undankbarkeit und Verkennung von seiten meiner Mitbürger werden wir nicht ablassen, bis zum Tode für Euer Heil zu wirken ... Ich liebe euch mehr als Ihr selbst« (ebd. 267).

Katharina gab bald einen Beweis ihrer Überparteilichkeit und Liebe, als sie einer Gesandtschaft aus Siena, die in Rom mit Gregor XI. über Friedensbedingungen verhandeln sollte, ein Empfehlungsschreiben mitgab und darin den Papst um Milde und Verständnis für die schwierige Situation ihrer Heimatstadt bat. Sie flehte ihn an, als Hirte mehr an das Heil dieser Menschen zu denken, statt Machtkämpfe auszutragen. Wie Christus möge er den Weg der Demut gehen und den Aufständigen mit Nachsicht begegnen, »denn Sie wissen, daß der Mensch durch nichts anderes mehr gepackt wird als durch Liebe und Güte« (zitiert nach Strobel 54). Katharina versäumte auch in diesem Brief nicht, an die Mißstände in der Kirche und die darum notwendigen Reformen zu erinnern, zumal das anstößige Verhalten vieler Kirchenmänner den Führern der florentinischen Liga ständig neue Argumente für Aufstand und Kampf lieferten. »Sorgen Sie für gute Männer, die ein tugendhaftes und gerechtes Leben führen ... Die Laien beobachten Sie hierin scharf. Sie haben schon oft feststellen müssen, daß so viele Vergehen straflos bleiben. Schon viel Übles ist daraus entstanden« (ebd. 55).

Die Verhandlungen mit den Abgesandten aus Siena und später auch mit einer florentinischen Delegation blieben wieder ergebnislos. Immerhin war im August 1377 ein Friedensschluß mit Bologna zustande gekommen, und auch die Städte Pisa und Lucca gaben Zeichen der Versöhnungsbereitschaft.

Im November 1377 bat der Papst, inzwischen sterbenskrank, seinen bisherigen Erzfeind, den Herrscher von Mailand Bernarbò Visconti, um Vermittlung im Krieg mit Florenz. Außerdem ließ er Raimund kommen, um erneut mit ihm über Soderinis Plan zu sprechen, und sie kamen überein, Katharina als Vermittlerin nach Florenz zu senden.

Als die Heilige dort eintraf, fand sie chaotische Zustände vor. Aus Enttäuschung und Wut über die fehlgeschlagenen Friedensverhandlungen mißachtete man inzwischen demonstrativ das Interdikt. Die Glocken wurden wieder geläutet und der Klerus unter Strafandrohung gezwungen, Gottesdienste abzuhalten. Was für die Florentiner ein Zeichen der Unabhängigkeit von Rom war, bedeutete für Katharina eine Verletzung des mystischen Leibes Christi und darum Trennung von Gott. Stefano Maconi berichtet, daß Katharina sofort in den ersten Tagen ihres Aufenthaltes in Florenz mehrere Ansprachen vor dem Magistrat der Stadt gehalten habe. Diese hatten selbst auf die Gegner des Papstes einen solchen Eindruck gemacht, daß sie einlenkten und bereit wurden, sich an das Interdikt zu halten. Damit war eine erste Voraussetzung für Frieden geschaffen. »Ich denke, der erste Schein der Morgenröte beginnt. Der Herr scheint diese Leute zu erleuchten und die selbstverschuldete Dunkelheit zu beseitigen ... Gott sei Dank, jetzt halten sie das Interdikt«, schrieb Katharina erleichtert an William Fleete (zitiert nach Drane 406).

Noch größere Hoffnung weckten die Friedensverhandlungen unter der Leitung Bernabò Viscontis, die in der ersten Märzwoche 1378 in Sarzana begannen. Die drei Kardinäle als Vertreter des Papstes kamen gerade mit der florentinischen Gesandtschaft zu für beide Seiten annehmbaren Bedingungen, als die Nachricht kam, daß Gregor XI. am 27. März gestorben war. Die Florentiner ließen daraufhin alle weiteren Unterredungen platzen und kehrten sofort in ihre Stadt zurück, wo der Tod des Papstes als Freudenfest gefeiert wurde.

Am 8. April wurde in Rom Bartolomeo Prignano als Urban VI. der Nachfolger Gregors XI. Trotz der veränderten Situation blieb Katharina in Florenz. Sie wohnte mit ihrer »famiglia« in einem Haus am St. Giorgio-Hügel, das Soderini mit Unterstützung einiger Freunde für sie gebaut hatte. Sie nahm zunächst noch keinen direkten Kontakt mit dem neuen Papst auf, sondern schrieb an den spanischen Kardinal Peter von Luna. In dem Brief bat sie ihn, Urban VI. von der Dringlichkeit der inneren Erneuerung der Kirche und des Friedens in Italien zu überzeugen. »Ich bitte Sie, flüstern Sie dem Christus auf Erden (d.i. der Papst) fortwährend die Wahrheit in die Ohren, daß er in dieser Wahrheit die Kirche reformieren möge! ... Möchte er doch Italien befrieden« (zitiert nach Strobel 124).

Auch die Florentiner hielt sie an, die abgebrochenen Friedensverhandlungen wieder aufzunehmen. Die Guelfen hatten inzwischen durch die »ammonitio« führende Männer der kriegstreibenden Partei aus den Ämtern verdrängt. Doch auch die Mitglieder dieser friedenswilligen Partei wurden von Rachegedanken und Machthunger getrieben und nutzten die Situation, um weitere Gegner auszuschalten. Sie provozierten eine wahre Absetzungswelle, in deren Verlauf an die 70 Personen politisch ausgeschaltet wurden. Katharina, in ihrer Lauterkeit und Gutgläubigkeit wieder betrogen, versuchte vergeblich, diesen Machenschaften Einhalt zu gebieten, doch es war schon zu spät. Die Bürger reagierten wütend, besonders weil sie sich von Katharina, die sie für die treibende Kraft hielten, hintergangen fühlten. Am 22. Juni 1378 brach deswegen ein Volksaufstand aus. Die Häuser der Guelfen wurden geplündert und angezündet, und auch das Haus, das Katharina bewohnte, wurde erstürmt. Während ihre Anhänger in Panik zu flüchten versuchten, blieb Katharina betend im Garten. Die folgende Szene, die von Zeugen im Prozeß von Castello ausgesagt wurde, läßt an die Gefangennahme Jesu (Joh 18) denken: Eine wütende, bewaffnete Horde drang in den Garten ein und rief nach Katharina. Als sie daraufhin ruhig auf die Männer zuging, sich zu erkennen gab und darum bat, man möge ihren Freunden nichts antun, waren die Aufständischen durch diese unerwartete Situation so verwirrt, daß sie sich verlegen und ratlos zurückzogen. Katharina mußte in diesem Augenblick mit ihrem Tod gerechnet, ja sogar innerlich darauf gehofft haben, als Märtyrin zu sterben, denn in einem Brief an Raimund klagte sie: »So habe ich denn meine Sünden zu beweinen, die mich des Glücks beraubt haben, mein Blut hinzugeben ... Es hatte den Anschein, als wären die Hände dessen, der mich erschlagen wollte, gebunden. Ich sagte ihm: ›Hier bin ich, stoße zu, aber die anderen lasse ihres Weges gehen‹, und meine Worte schienen sein Herz wie ein Schwert zu durchbohren ... O, wie glücklich wäre ich gewesen, hätte ich mein Blut lassen können aus Liebe zum Blut und zum Heil der Seelen« (zitiert nach Drane 413). Wegen der anhaltenden Krawalle zog sie sich einige Tage in das nahegelegene Kloster Vallombrosa zurück, wo sie Giovanni delle

Celle wiedersah, der in einer Einsiedelei beim Kloster lebte. Von Vallombrosa aus schrieb sie ihren ersten Brief an Urban VI. Darin erörterte sie zunächst wieder den skandalösen Zustand des Klerus und die so dringend notwendige Reform der Kirche. Dann bat sie um Nachsicht für die Florentiner, von denen sie gerade erst wieder betrogen und beinahe umgebracht worden wäre: »Oh weh mir, habt Erbarmen mit so viel Seelen, die zugrunde gehen! ... Und achtet nicht auf das Ärgernis, das in jener Stadt geschah, in der wirklich die höllischen Dämonen sich angestrengt haben, den Frieden und die Ruhe der Seelen und der Leiber zu verhindern« (zitiert nach Gnädinger 225).

Am 15. Juli erlebten Katharina und ihre »famiglia« dann endlich, daß ein Bote in der Stadt den Friedensschluß ankündigte. Der Vertrag zwischen dem Papst und Florenz wurde am 28. Juli unterzeichnet. Die Stadt war voller Freudentaumel. Der Jubel dauerte aber nur wenige Tage, denn dann erschütterten neue blutige Kämpfe die Stadt, ausgelöst durch die Forderung der unteren Stände nach Mitspracherecht in der Regierung.

Voller Kummer verließ Katharina Florenz. Doch trotz aller Enttäuschung wandte sie sich nicht von den Menschen ab, für die sie sich verantwortlich fühlte, vielmehr blieb sie mitfühlend und hilfsbereit. In ihrem Abschiedsbrief an die Signoria von Florenz schrieb sie: »Was ich nur immer für Euer Wohlergehen tun kann, werde ich tun, auch wenn es mich das Leben kostet ... Ich gehe nun weg mit dem tröstlichen Gedanken, daß wenigstens erreicht worden ist, was ich mir beim Betreten Eurer Stadt vorgenommen hatte ... Ich gehe weg mit einem Herzen voll Kummer und Sorge, weil ich die Stadt in einem solch großem Elend zurücklassen muß« (zitiert nach van Doornik 176).

Der Dialog

Durch die Biographen Tommaso da Siena und Raimund von Capua und die Akten des Prozesses von Castello sind wir sehr gut über Katharinas außergewöhnliches Leben unterrichtet. Ganz lebendig und direkt lernen wir die Heilige in ihren eigenen Schriften, den Briefen und Gebeten und dem Hauptwerk, dem »Buch der göttlichen Vorsehung«, kennen.

Katharina war Analphabetin. Längere Zeit, so berichtet Raimund, habe sie sich unter der Anleitung einer Mitschwester abgemüht, das Abc zu lernen, doch ohne Erfolg. Später sei ihr auf wunderbare Weise die Gabe geschenkt worden, zumindest das Stundengebet nach dem Brevier zu rezitieren. Da ihrer »famiglia« viele, teils sehr gebildete Leute angehörten, konnte sie diesen jederzeit ihre Gedanken, Erfahrungen und Belehrungen diktieren, sobald sie sich innerlich dazu gedrängt fühlte. In den letzten Jahren spürte sie den Auftrag, ihre Gotteserfahrung mündlich und auch schriftlich weiterzugeben, um dadurch viele Menschen für Gott zu begeistern. Von Natur aus kontaktfreudig und mitteilsam, wurde ihr der geistliche Austausch zu einer Kraftquelle. So erzählt Raimund: »Sie hat mir öfters bekannt, ihre größte Annehmlichkeit in diesem Leben seien Gespräche über Gott … Hatte sie Zeit und Muße, von Gott zu sprechen und die verborgenen Schätze ihres Herzens aufzuschließen, gewann sie sichtlich an Frische und gelassener Energie, auch körperlich. Wurde sie aber davon abgehalten, konnten Müdigkeit und Schwäche sie fast bis zur Leblosigkeit niederschlagen« (60). In der für sie so bedrückenden Zeit der kriegerischen Auseinandersetzungen zwischen Rom und Florenz erwähnte sie in einem Brief an Raimund, daß die Arbeit an dem Buch Trost und Erleichterung brachte. »Habt Mitleid mit der elenden Tochter, die in solcher Not lebt … und nicht weiß, bei wem sich Luft verschaffen, wenn nicht der Heilige Geist in mir selbst mit seiner Güte für mich vorgesorgt hätte …, daß ich mich verweile beim Schreiben« (zitiert nach Gnädinger 212).

Als Sekretäre dienten Katharina zunächst die Mitschwestern, dann Francesco Malavolti und Cristofano di Gano Guidini, und später waren es hauptsächlich Neri di Landoccio, Barduccio dei Canigiani und Stefano Maconi.

Die rund 380 erhaltenen Briefe sind zwischen 1370 und 1380 diktiert worden, umfassen also den gesamten Zeitraum ihres öffentlichen und politischen Wirkens. Der Kreis der Adressaten zeigt die Offenheit und Weite, mit der Katharina sich auf das Leben und die Menschen einließ: Die Mutter und ihre Brüder, Mitschwestern und Mitglieder der »famiglia«, Politiker, ein Jude, Adelige und Könige, zwei Päpste, Ordensleute, eine Dirne, Handwerker und Söldnerführer gehörten zu den Briefempfängern. Nach ihrem Tod sammelten ihre Verehrer die Briefe und schrieben sie ab. Da diese Briefsammlung zu erbaulichen Zwecken verbreitet wurde, ließ man in den Abschriften leider die alltäglichen Mitteilungen und allzu Persönliches weg.

Das Besondere der Diktate war, daß Katharina sich dabei in der Ekstase befand und das Geschaute unmittelbar in Worte faßte. Raimund schildert: »Katharina pflegte jeweils sehr rasch zu diktieren, ohne Pausen, ohne nachzudenken und als läse sie in einem aufgeschlagenen Buch« (34).

Die Entrückung nahm ihr nicht das Bewußtsein von der Welt und von den Menschen, ihren Nöten und Problemen, vielmehr sah sie die Lebensverhältnisse und Anliegen umso klarer, sozusagen aus der Perspektive Gottes. Aus dieser Schau vermittelte sie dann dem Empfänger des Briefes eine begeisterte Darstellung der Glaubenswahrheiten. In lebendiger Bildersprache belehrte sie über die Liebe des Schöpfers zu seinem Geschöpf, die Abkehr des Menschen von seinem Ursprung und die Verstrickung in seine Ichsucht, über das Heilshandeln Gottes und den Weg, auf dem der Mensch nun in der Nachfolge Jesu zum Vater zurückfinden kann. Sehr direkt, aber immer in Liebe und Sorge, sprach sie den Adressaten auch auf seine Schwachstellen, Verfehlungen und Ängstlichkeiten an und mahnte ihn zur Umkehr. Dabei gab sie keine konkreten Ratschläge. Die Nutzanwendung aus der empfangenen Glaubensunterweisung für die persönlichen Lebensumstände mußte dann jeder selber finden.

Während des Diktates im ekstatischen Zustand war die natürliche Begrenzung der Konzentrationskraft, das Nacheinander der Gedanken, aufgehoben, so daß Katharina gleichzeitig mehrere Briefe an verschiedene Empfänger mit unterschiedlichem Inhalt diktieren konnte. In den Aussagen von Castello sprechen Zeugen von bis zu vier gleichzeitig verfaßten Texten.

Die Sammlung von 25 in sich abgeschlossenen Gebeten entstand durch die Aufmerksamkeit und den Eifer ihrer Freunde, die jedes Wort ihrer »geliebten Mutter« festhalten wollten. Wenn Katharina in der Kirche nach dem Empfang der Kommunion in mehrstündige Ekstase geriet, »brachte sie, wenn sie mit Gott sprach, häufig tiefe und andächtige Gebete und Bitten mit klarer Stimme

M. Bayer, Katharina als Kirchenlehrerin
(Neusatzeck, Kirche der Dominikanerinnen)

hervor«, sagte Bartolomeo Dominici im Prozeß von Castello aus (zitiert nach Barth 7).

Diese Gebete stammen aus den beiden letzten Lebensjahren (1378-1380), die sie in Rom verbrachte. Neben dieser Sammlung überlieferten Raimund von Capua und Tommaso da Siena noch viele Gebetsworte im Zusammenhang der Erzählung.

Katharinas Gebete sind keine privaten, erbaulichen Erhebungen zu Gott. Wie in den Briefen finden wir auch hier theologische Betrachtungen. Im Blick auf Gott erkennt sie die grenzenlose Liebe, sie staunt und ist hingerissen. In immer neuen Ansätzen umkreist sie die Glaubenswahrheiten. Und auch hier schaut sie in Gott den Menschen, aus der Liebe des Schöpfers geschaffen, wie er in der Abkehr von Gott diese Würde verlor und wie Gott sie ihm neu schenkte in seinem Sohn. Die Gebete sind keine einsamen Monologe vor Gott, sondern Vermittlung: Mit klarer, lauter Stimme, wie die Zeugen sagen, gibt sie, was sie von Gott erfährt, an die Mitmenschen weiter. Und umgekehrt trägt sie alle Not der Welt vor Gott, bittet, fragt, empfängt Antwort, dankt. Einzelnen Bittstellern vermittelt sie durch ihr Gebet wirksam Gnade und schaffte so immer wieder Beziehung zwischen Gott und Mensch.

Katharina war in allen Lebensvollzügen ein Mensch des Austausches, des Dialogs. So ist denn auch ihr Hauptwerk, das sie selber immer nur »das Buch« nannte, als Dialog angelegt, als Gespräch zwischen der Seele (d.i. Katharina) und Gott. Es trägt den Titel »Buch von der göttlichen Lehre« oder »Gespräch von Gottes Vorsehung« (Libro della Divina Dottrina / Dialogo della Divina Provvidenza). Der »Dialog« wird zu den bedeutenden literarischen Werken des 14. Jahrhunderts gerechnet und ist eines der ersten Bücher, die im Buchdruck veröffentlicht wurden. Seit dem Erstdruck von 1472 ist es bis heute mehr als siebzig mal in vielen Sprachen erschienen.

Raimund von Capua führt die Entstehung des »Dialogs« auf göttliche Eingebung zurück: »Ungefähr zwei Jahre vor ihrem Heimgang tat sich ihr von Gott her die Wahrheit mit solcher Klarheit auf, daß Katharina den Zwang fühlte, das alles schriftlich niederzulegen. Sie bat ihre Schreiber, bereitzustehen, wenn sie ihr anmerkten, daß sie in Entrückung war, um alles aufzuschreiben, was sie aus ihrem Munde vernahmen« (zitiert nach Barth 10).

Die Diktate zum »Dialog« begannen im Herbst oder Winter 1377 und wurden im Oktober 1378 abgeschlossen. Das Gespräch beginnt mit vier Bitten, die Katharina an Gott richtet: Zunächst möchte sie wissen, was sie (und damit alle, die für Gott zur Verfügung stehen wollen) tun kann, damit sein Heil sich in der Welt verwirkliche. In der zweiten Bitte bringt sie diese kranke Welt zu Gott: »Zögere nicht, Dich der Welt zu erbarmen, denn fast scheint es, als sei sie am Ende ihrer Kraft« (Dialog 29). Der inneren Erneuerung der Kirche gilt ihre dritte Bitte, und in der vierten fragt sie nach dem Geheimnis der göttlichen Vorsehung, als der immer wieder sich anbietenden Liebe Gottes, die durch die Zustimmung und das antwortende Handeln des Menschen in der Welt Gestalt annehmen will.

Diese vier Fragen bilden den Ausgangspunkt und Rahmen für Gottes Rede, denn das ist das Besondere an ihrem Werk: es ist kein Buch über Gott, vielmehr spricht Gott selber, Gott erklärt sich. Er führt das Gespräch und fordert die Betende auf, in sein Inneres zu schauen. Er zeigt ihr seine Liebe, um ihren Blick dann auf die kranke Welt zu lenken: »Sieh doch, mein Kind, mit wie vielen und verschiedenartigen Sünden sie Mich schlagen, vor allem mit ihrer elenden und verabscheuungswürdigen Eigensucht, der jegliches Unrecht entspringt. Damit haben sie die ganze Welt vergiftet, denn wie die Liebe zu Mir jedes Gute, das im Nächsten zum Leben kommt, umfaßt, so die sinnliche Eigensucht jegliches Böse« (Dialog 31).

In sanfter und geduldiger Rede wird ein großes Spektrum an Inhalten entfaltet: Schöpfung, Sünde, Erlösung, Christus, Heiliger Geist, Kirche und Priestertum, Weg der Nachfolge, Gottes- und Nächstenliebe und Gebet, die Tugenden und Unterscheidung der Geister, Gabe der Tränen, Gehorsam und göttliche Vorsehung. Alle in den Briefen und Gebeten angesprochenen Themen werden hier in eine große Zusammenschau gebracht, nur gelegentlich unterbrochen durch Katharinas begeisterte und leidenschaftliche Lob-, Bitt- und Dankgebete.

Die Sprache ist lebendig und volkstümlich, dabei aber klar und unbestechlich. Um die Flut der Eindrücke, Erfahrungen und Einsichten, die sie in der Schau überwältigen, überhaupt in Worte fassen zu können, benutzt Katharina eine ihr eigene Bildersprache. Das macht die Beschäftigung mit ihren Schriften zunächst schwierig. Die ohne jede Einführung und Erklärungen aneinandergereihten Bilder machen beim ersten Lesen ratlos und befremden. So ist z.B. im Anklang an die Heilige Schrift Christus das Wort, das Lamm oder der Arzt (27) und die Kirche die Braut. Der mit Gott verbundene Mensch ist mit einem hochzeitlichen Gewand bekleidet, und sein Verlangen, die Mitmenschen zu Christus zu führen, ist das »Netz der Sehnsucht«, mit dem er auf »Seelenfang« geht (Dialog 207).

Viele Bilder sind aus der Natur genommen. Die Seele ist ein Baum, der in der Demut wurzelt und dessen Mark die Geduld ist. Dieser »Baum der Liebe« bringt »den Schößling der Unterscheidung« hervor, trägt »Blüten der Tugenden« und »Früchte des Nutzens für den Nächsten« und läßt den »Duft des Gotteslobes« emporsteigen (vgl. Dialog 16f).

In einer langen Rede wird das Bild von Christus, der Brücke, entworfen. Ausführlich und plastisch wird der Weg des Menschen aus dem Strom der Sünde über das Ufer voller Gestrüpp und Dornen zur rettenden Brücke geschildert, wobei alle Phasen des Weges bestimmten Seelenzuständen zugeordnet werden. Die Brücke selber, Christus, ist aus Steinen gemauert, die auf seinem menschlichen Leib behauen wurden und mit dem »Mörtel seiner Gottheit« verfugt worden sind. Der Glaubende, der nun diese Brücke überqueren will, kann dies ohne Furcht vor dem »Regen der Gerechtigkeit«, dem Gericht Gottes, tun, weil die Brücke »mit Erbarmen überdacht« ist. Auf der Brücke befindet sich auch die »Herberge der Kirche«, in der der Pilger ausruht, Kraft schöpft und mit der Eucharistie genährt wird. Am Ende der Brücke ist die Tür, Christus selber, durch die der Wanderer eintritt. Christus ist die Rettung, die dem verlorenen Menschen vom Himmel her geschenkt wird, Christus ist der Weg und das Ziel. Wer nicht über die Brücke will, wählt den Weg durch den Fluß, der ihn mit fortreißt, bis er ertrinkt (vgl. Dialog 35-39).

Es kostet einige Geduld und Mühe, um die in solchen Bildern ausgedrückte Erfahrung Katharinas zu erfassen. Hat man sich aber diese Bildersprache wie ein Vokabular erarbeitet und angeeignet, wirkt die Lektüre von Mal zu Mal intensiver und mitreißender. Dann tut sich die ganze geistige Welt der Heiligen auf, und Katharina selber wird lebendig.

Ein Beispiel ihrer originellen Glaubensvermittlung sei noch angeführt, weil darin der Kern ihrer Mystik zum Ausdruck kommt.

Wie viele Mystiker gibt auch Katharina eine Beschreibung des Weges zur Vollkommenheit, wobei sie die traditionelle dreistufige Einteilung mit dem biblischen Gedanken der fortschreitenden Gleichgestaltung mit Christus verbindet. Die Verähnlichung mit Christus wird als Aufstieg im Leib Christi dargestellt. Ist der Mensch zur Umkehr gelangt und richtet nun seine ganze Aufmerksamkeit, Sehnsucht und Liebe auf den Herrn, erreicht er die durchbohrten Füße Jesu. Er verläßt sich, seine Ichbezogenheit, und macht sich auf den Weg der Nachfolge, der für Katharina immer auch ein Weg in die Welt und zu den Menschen ist. Der Beter kommt in eine lebendige Beziehung zu Jesus und erfährt seine Liebe. Rückblickend erkennt er nun, wie sehr ihn Gottes Liebe immer schon umfangen hat und ihm ständig zufließt. So gelangt er in das geöffnete Herz Christi. Durch den Anblick der Liebe Gottes erfüllt sich auch das Innere des Menschen ganz mit Liebe, so daß er Gott nicht länger wegen des Trostes oder Genusses, der daraus kommen kann, anhängen will, sondern ausschließlich um der Liebe willen.

Losgelöst von sich selbst erreicht er den Mund Christi und übernimmt das »Amt der Mundes« (94). Mit dem Mund Christi wird Gott das wahre, ununterbrochene Gebet dargebracht. Der Mund verkündet, mahnt, rät und legt Zeugnis ab. Und der Mund nimmt Nahrung auf. Dies scheint ein recht abwegiges und verstiegenes Bild für die vollkommene Vereinigung mit Christus zu sein. Katharina drückt damit aus, daß der Christus ähnlich gewordene Mensch wie dieser den Willen des Vaters, das unendliche Verlangen nach dem Heil aller Menschen, zur Speise nimmt (Joh 4,34). Der Vollkommene teilt diese Sehnsucht Christi und ist darum bereit, in Liebe alles auf sich zu nehmen und zu ertragen. Katharina malt das Bild des Mundes weiter aus: Mit dem »Mund des heiligen Verlangens … zerkaut sie (d. i. die vollkommene Seele) jede Beleidigung: Spott, Verachtung, Quälerei, Vorwürfe und viele Verfolgungen, … Hunger und Durst, Kälte und Hitze, schmerzliche Wünsche, Tränen und Schweiß um des Heiles der Seelen willen« (94). Der Höhepunkt mystischer Vereinigung mit Gott ist für Katharina dann erreicht, wenn der Betende ganz in die Gesinnung Jesu eingetaucht ist und mit ihm den unendlichen »Hunger und Durst nach dem Heil der Seelen« teilt. Das aus diesem Verlangen herausdrängende apostolische Wirken nennt sie in konsequenter Fortführung des Bildes »Seelen essen«, und zwar »am Tisch des Kreuzes« (94).

Katharina hat erfahren und vorgelebt: Menschen können durch freiwillige und aus Liebe übernommene Lebens- und Leidensgemeinschaft mit dem Herrn gewonnen werden.

Für die Einheit der Kirche

Die Ereignisse um die Papstwahl von 1378 und das daraus folgende »große abendländische Schisma« nehmen im Leben der hl. Katharina einen breiten Raum ein. In ihren Briefen kommt sie immer wieder auf diese Ereignisse zu sprechen.

Nach dem Tode Gregors XI. am 27. März 1378 geriet die Kirche in eine schwierige Lage. Die Römer forderten die Wahl eines römischen oder wenigstens eines italienischen Papstes. Am Vorabend der Wahl drangen bewaffnete Banden ins Konklave ein, um diesen Forderungen Nachdruck zu verleihen. Man konnte sie nur mit Mühe hinausdrängen. Bei der Wahl am folgenden Tag, dem 8. April 1378, einigte man sich schon bald auf den Neapolitaner Bartolomeo Prignano, Erzbischof von Bari. Später werden die Kardinäle diese Wahl für ungültig erklären. Da der Gewählte nicht zum Kardinalskollegium gehörte, mußte man ihn erst herbeirufen. Inzwischen stürmte eine bewaffnete Schar ins Konklave und schrie: »Wir wollen einen Römer.« Die Kardinäle standen Todesängste aus, sie proklamierten nicht den Gewählten, sondern erklärten den Kardinal Tebaldeschi, einen altersschwachen Römer, als neuen Papst. Das Volk schleppte ihn zum Altar der Kapelle und inthronisierte ihn. In diesem Tumult flohen die Kardinäle. Die Wahrheit kam aber bald heraus, und die Menge war mit dem gewählten Erzbischof von Bari einverstanden.

Am Tage darauf, als es wieder ruhig geworden war, kamen 12 der 16 Kardinäle zurück und inthronisierten Bartolomeo Prignano, der sich Urban VI. nannte. Die Kardinäle nahmen an Konsistorien teil und ließen sich vom neuen Papst Benefizien und Privilegien erteilen. Damit gaben sie praktisch zu erkennen, daß sie Urban VI. als rechtmäßig gewählten Papst anerkannten. Dies geschah auch ohne Zwang.

Für Katharina war Urban der rechtmäßige Papst. Sie hat später den drei italienischen Kardinälen, die zum Gegenpapst übergewechselt waren, geschrieben: »Was beweist mir die rechtmäßige Wahl des Erzbischofs Bartolomeo von Bari? Seine Krönung…, die Reverenz, die Ihr ihm bewiesen habt, und die Gunstbeweise, die Ihr von ihm erbeten und die Ihr in so vieler Hinsicht genutzt habt. Diese Wahrheit könnt Ihr nicht leugnen, außer durch Lügen« (Lettere 4,302).

Papst Urban VI. hat rasch seine Umgebung brüskiert durch sein überhebliches und rücksichtsloses Auftreten. Mit großem Eifer begann er die Reform der Kurie. Vor allem wollte er das verweltlichte Kardinalskollegium erneuern. Er tat dies in so ungestümer und verletzender Weise, daß sich die Kardinäle gedemütigt fühlten. Durch seine Taktlosigkeit und unnachgiebige Strenge kam es zum Konflikt und schließlich zur Entfremdung zwischen ihm und dem Kardinalskollegium. Katharina ermahnte Urban, sich zu mäßigen und Milde walten zu lassen. Doch in seinem Starrsinn erkannte er nicht seine verhängnisvollen Fehler und änderte nicht sein Verhalten.

Mehr und mehr wurden nun Zweifel geäußert, ob Urban wirklich der rechtmäßige Papst sei. Im Laufe des Juni 1378 verließen die Kardinäle einer nach dem anderen Rom. Am 9. August 1378 versammelten sich die französischen Kardinäle und der spanische in Anagni und erklärten dort die Wahl Urbans VI. für ungültig, weil sie nicht frei, sondern unter Zwang gehandelt hätten. Darüberhinaus erklärten die Kardinäle, daß der Papst aufgrund seines Verhaltens geistesgestört und somit unfähig sei, sein Amt auszuüben. Am 20. September 1378 wurde schließlich in Fondi der Kardinal Robert von Genf zum Papst gewählt, der als Anführer der bretonischen Söldner für das Blutbad von Cesena verantwortlich war. Er nannte sich Clemens VII. und residierte von 1379 an in Avignon.

Mit dieser Wahl trat das große Schisma der Kirche ein, das das ganze Abendland spaltete, weil sich beide, Urban VI. wie auch Clemens VII., als rechtmäßige Päpste betrachteten. Beide suchten bei Königen, Fürsten, Städten, Bischöfen und Universitäten Anerkennung zu erhalten. Oft entschied man sich für den Papst in Rom oder in Avignon aus rein politischen Gründen. Zur römischen Obedienz hielten der Kaiser, das nördliche Deutschland, Skandinavien, Ober- und Mittelitalien, Ungarn, Polen und England. Die Obedienz von Avignon umfaßte Frankreich, Neapel, Schottland und die Königreiche der iberischen Halbinsel. Die Trennung ging durch Diözesen, Orden und Klöster hindurch, so daß es in einer Diözese zwei Bischöfe geben konnte, in einem Kloster zwei Äbte usw. Urban exkommunizierte Clemens mit seinem Anhang und umgekehrt, so daß praktisch die ganze Christenheit im Banne war. Die Verwirrung war so groß, daß auf beiden Seiten bedeutende Heilige standen. So hielt z.B. der wortgewaltige Bußprediger Vinzenz Ferrer aus dem Dominikanerorden lange Zeit zum Papst von Avignon, während Katharina auf seiten Urbans gegen die abtrünnigen »Teufel« und »Lügner« kämpfte. Das Konzil von Pisa 1409 setzte die beiden Päpste ab und wählte einen neuen. Da aber weder der Papst in Rom noch der in Avignon nachgeben wollte, gab es jetzt drei Päpste. Das Konzil von Konstanz (1414-1418) konnte endlich 1417 das Schisma beenden. Katharina stand immer auf seiten Urbans VI.; manchmal nahm sie eine etwas einseitige Position ein, wie aus ihren Briefen hervorgeht. Sie hatte seine Wahl begrüßt, weil er ihr als frommer und reformeifriger Bischof bekannt war, der allen Luxus ablehnte und die Simonie (Kauf eines geistlichen Amtes) bekämpfte. In einem Brief an die Augustinereremiten in Lecceto bezeichnete sie ihn als einen »guten und gerechten Hirten«, der fähig sei, »die Laster auszurotten und die Tugenden einzupflanzen, ohne sich vor Menschen zu fürchten« (Lettere 5,74). Katharina forderte sie auf, bei der »Reform« der Kirche mitzuarbeiten.

Wenn sie von Reform der Kirche spricht, kann das leicht mißverstanden werden; denn sie wollte an der Kirche nichts ändern, sondern ihr Anliegen bestand alleine darin, daß die kirchlichen Ämter mit würdigen Männern besetzt würden, daß die Ordensleute treu nach ihrer Regel lebten und die Gläubigen die Gebote Gottes und der Kirche befolgten. »Die Reform, die Caterina will, ist die persönliche Reform der Kirchenglieder auf allen Ebenen, angefangen auf der höchsten Ebene« (G. Cavallini, zitiert nach Hirtz 107).

Katharina hat die Institution der Kirche nie kritisiert, sondern das Versagen der Bischöfe und Priester und das unchristliche Verhalten der Gläubigen. »Sie wollte eine irdisch glaubhafte Kirche, geeint unter Petrus und in allen Gliedern, mit einem anständigen, heiligen Klerus, der die ›Lehre des süßen Wortes‹ dem Volk glaubwürdig vorlebt« (H. Urs von Balthasar XXVI).

Urban VI. hat bei seinen Reformversuchen Widerstand und viele Schmähungen erfahren. Katharina tröstete ihn und verglich seine Leiden mit den Leiden Christi, der dadurch seine Kirche reformieren wolle: »Er will, daß Sie sein Werkzeug sind und durch Sie die Kirche erneuert wird, indem Sie die vielen Leiden und Verfolgungen auf sich nehmen« (zitiert nach Strobel 111).

Katharina unterstützte Papst Urban VI. in seinem Kampf gegen alle, die seine rechtmäßige Wahl anzweifelten und die auf der Seite des Gegenpapstes standen. Nach dem Rechtsformalismus der damaligen Zeit war es möglich, den Wahlakt für ungültig zu erklären. Katharina konnte das nicht begreifen. Als Frau hatte sie kein Verständnis für den starren Formalismus des Kardinals Peter von Luna, der erst auf seiten Urbans stand und sich dann in Anagni von den anderen Kardinälen überzeugen ließ. Katharina ging es um das Leben der Kirche, nicht um das tote Recht. Sie sah die Spaltung der Kirche mit allen Konsequenzen kommen und litt darunter, weil sie die Kirche liebte.

Im ersten Brief Katharinas an den Kardinal Peter von Luna ging es vor allem um die Reform der Kirche. Im zweiten Brief vom Juni/Juli 1378 beschwor sie ihn, alles für die Einheit der Kirche zu tun: »Ich glaube gehört zu haben, daß zwischen Christus auf Erden und seinen Jüngern ein Zwist ausgebrochen ist. Das bereitet mir unerträgliche Schmerzen wegen meines Abscheus vor der Spaltung. Ich fürchte sehr, daß sie wegen meiner Sünden kommt. Ich bitte Sie bei dem glorreichen, kostbaren Blut, vergossen im Feuer der Liebe: weichen Sie nie ab von der Tugend und von Ihrem Haupt. Flehen Sie bitte dringend den Christus auf Erden an, er möge doch bald Frieden schließen (mit Florenz). Krieg nach innen und außen wäre zu hart. So hätte er den Weg frei, mit voller Kraft die Möglichkeiten einer Spaltung zu unterbinden. Sagen Sie ihm, er möge sich mit guten Säulen umgeben bei den künftigen Kardinalsernennungen. Es sollen gute Männer sein, die den Tod nicht fürchten, sondern bereit sind, mit Entschiedenheit bis zum Tode aus Liebe zur Wahrheit und zur Reform der heiligen Kirche auszuharren, und das Leben hinzugeben für die Ehre Gottes … Ich zittere, wenn ich nur daran denke …, welch schweres und gefährliches Unheil droht« (zitiert nach Strobel 128f).

Nach Ausbruch des Schismas schrieb Katharina an die drei italienischen Kardinäle – Kardinal Tebaldeschi war bereits tot – einen Brief, der ihren ganzen Zorn darüber zum Ausdruck brachte, daß sie zum Gegenpapst übergewechselt waren. Sie bezeichnete die Kardinäle als »Mietlinge« und warf ihnen Undank gegenüber der Kirche vor: »Was ist der tiefste Grund für Euer Verhalten? Das Gift der Selbstsucht, das die ganze Welt verseucht hat… Nicht duftende Blumen seid Ihr, sondern Gestank, der die ganze Welt verpestet… Eure Verblendung stammt nicht aus Unkenntnis. Auch seid Ihr nicht von Menschen falsch unterrichtet worden. Ihr kennt die Wahrheit. Ihr habt sie uns verkündet, nicht umgekehrt wir Euch. Was seid Ihr doch für Toren! Uns brachtet Ihr die Wahrheit, und Ihr hängt der Lüge an! Heute wollt Ihr diese Wahrheit verbiegen und uns das Gegenteil weismachen. Ihr sagt, Ihr hättet Urban aus Angst zum Papst gewählt. Das ist nicht wahr! Wer das sagt, lügt wider sein besseres Wissen« (zitiert nach Strobel 133f).

Die Kardinäle dachten wohl nur daran, den unbequemen Urban VI. loszuwerden. Katharina sah das als Selbstsucht an. Sie fühlte mit dem christlichen Volk, das nun verwirrt war und nicht mehr wußte, an wen es sich halten sollte. Katharina litt mit der Kirche, die gespalten war. In ihrem Schmerz darüber äußerte sie ihre Kritik so scharf und verletzend, wie man sie sich heutzutage wohl kaum von einer Mystikerin vorstellen könnte.

Die Heilige schickte nach der Wahl des Gegenpapstes an Urban VI. einen Trostbrief und forderte ihn zum Kampf auf: »Es verlangt mich, Sie mit dem starken Gewand glühender Gottesliebe bekleidet zu sehen, auf daß Ihnen die Schläge, die die Bösewichte der Welt... Ihnen versetzt haben, nicht schaden können... Weiten Sie Ihr Herz in der starken Liebe zu Gott, fern von allem Kleinmut! Suchen Sie Vorbild und Kraft in Ihrem Haupte, dem milden Jesus... Gehen Sie ohne Furcht in diesen Kampf, angetan mit dem starken Panzer der göttlichen Liebe.« Am Schluß des Briefes äußerte sie den Wunsch, nach Rom zu kommen, und bekundete ihre Bereitschaft, für die Kirche zu sterben: »Es drängt mich, Blut und Leben daran zu setzen und das Mark meiner Gebeine zu opfern für die heilige Kirche, so unwürdig ich dessen auch sein mag« (zitiert nach Strobel 114ff).

Der Papst nahm das Angebot Katharinas an. Er legte Wert darauf, die »santa« jetzt in seiner Nähe zu haben, die er bereits in Avignon kennengelernt und »deren Leben auf ihn einen tiefen Eindruck gemacht hatte« (Raimund 151). Wie oben bereits erwähnt, ging Katharina erst nach Erhalt einer päpstlichen Anweisung nach Rom.

Mit einigen Mitgliedern ihrer »famiglia« reiste sie von Siena in die Ewige Stadt, wo sie am 28. November 1378, dem ersten Adventssonntag, eintraf (Lettere 5,59). Ihre Mutter ließ sie später nachkommen. Aus dem Brief geht hervor, daß Lapa nun zu den Mantellatinnen gehörte. Ihr Name steht auch in einem Verzeichnis der Bußschwestern des hl. Dominikus vom April 1378.

Katharina wohnte zuerst im Stadtviertel »Colonna«, zog aber im Juni 1379 in die Via di Papa, heute Via S. Chiara um, die auf die Piazza S. Maria sopra Minerva mündet. Urban VI. empfing Katharina bereits am folgenden Tag. »Unser Herr Papst hat sie mit großer Freude empfangen und sie angehört. Um was sie ihn gebeten hat, weiß man nicht, sondern nur daß er sie gerne gesehen hat«, berichtete der sienesische Gesandte am 30. November an seine Regierung (Documenti 51). Der Papst lud sie ein, vor dem neuen Kardinalskollegium zu sprechen. – Urban hatte am 17. September 1378 neue Kardinäle ernannt, 24 Italiener und zwei Franzosen. – Katharina ergriff gerne die einmalige Gelegenheit, um dem Papst und seinen Kardinälen Mut zuzusprechen. Urban war sehr beeindruckt von dieser Ansprache, weil sie als Frau keine Angst hatte, während sie sich fürchteten. Nach Stefano Maconi sollen die Kardinäle gesagt haben: »Niemals hat ein Mann so geredet, und zweifelsohne ist es nicht die Frau, die gesprochen hat, ja vielmehr der Heilige Geist, wie es offensichtlich erscheint« (Prozeß von Castello 269).

Katharina erlebte in Rom, wie sehr Urban VI. militärisch bedrängt wurde. Er hatte in Trastevere Zuflucht suchen müssen, weil die Engelsburg von den Truppen Clemens VII. besetzt war. Erst nach dem Sieg über das Heer des Gegenpapstes bei Marino und der Übergabe der Engelsburg durch den französischen Befehlshaber am 29. April 1379 konnte der Papst wieder in den Vatikan einziehen. Er tat es auf den Rat Katharinas in einer großen Prozession mit seinen Klerikern, bei der er selbst barfuß ging. »Ich freue mich von Herzen, heiligster Vater, daß meine Augen die Erfüllung des göttlichen Willens in Ihnen sehen durften, bei jener Handlung in der Prozession, ungewohnt seit undenklichen Zeiten«, schrieb sie ihm einige Wochen später (zitiert nach Strobel 119). Auch wird in diesem Brief auf ihren Anteil an der Übergabe der Engelsburg angespielt, den Raimund in seiner »Legenda« dem Gebet der Heiligen zuschrieb. Seit 1962 steht neben der Engelsburg das römische Denkmal für Katharina.

Im Dezember 1378 dachte Papst Urban VI. daran, Katharina von Siena zusammen mit Katharina von Schweden, der Tochter der hl. Birgitta, nach Nea-

Rom – S. Maria sopra Minerva

pel zu schicken, um die Königin Johanna für sich zu gewinnen; denn diese nahm eine schwankende Haltung ein. Unsere Heilige erklärte sich sofort dazu bereit. »Katharina von Schweden dagegen war nicht im mindesten gesonnen, mitzugehen, und lehnte in meiner Gegenwart jede derartige Gesandtschaft entschieden ab. Ich selber hegte Bedenken... Ich verbarg dem Papst meine Befürchtungen nicht. Er hörte mich, überlegte kurz und versetzte: Du hast recht, es ist besser, sie gehen nicht hin«, berichtet Raimund (152f). Als er Katharina das Gespräch mit dem Papst mitteilte, entgegnete sie ungewöhnlich laut: »Hätten die hl. Agnes oder Margaret oder andere heilige Jungfrauen so gedacht wie Ihr, sie wären ihrer Lebtag nie Blutzeuginnen geworden« (Raimund 153). Katharina mußte sich damit begnügen, der Königin Briefe zu schreiben. Wenn Johanna zum römischen Papst umschwenkte, lag das wohl in erster Linie daran, daß das Volk von Neapel zu Urban hielt, weniger an Katharinas Überzeugungskraft, obwohl die Königin ihr schrieb: »Ich versichere Euch, daß für mich die Worte einer Heiligen nicht in den Wind gestreut sind und ich jetzt klar erkenne, daß Papst Urban der wahre Hirte der Herde ist« (Papàsogli 387). Katharina schickte daraufhin den Abt Lisolo und Neri di Landoccio Pagliaresi als ihre Boten nach Neapel. Unsere Heilige mußte aber bald die große und schmerzliche Enttäuschung erleben, daß die Königin sich wieder dem Gegenpapst zuwandte.

Vor dem 15. Dezember 1378 mußte Raimund nach Frankreich abreisen. Urban VI. schickte ihn zusammen mit dem päpstlichen Hofmarschall Giacomo Ceva als Gesandten zu Karl V. Der französische König sollte für den römischen Papst gewonnen werden. Katharina ahnte, daß sie ihren Beichtvater nicht mehr wiedersehen werde. In den letzten Tagen vor der Abreise führte sie lange Gespräche mit ihm. Dann begleitete sie ihn nach Ostia. »Wohl um mir ein letztes Lebewohl zu sagen, begleitete sie mich bis an den Hafen, wo die Galeere vor Anker lag, die ich besteigen mußte. Als diese zur Abfahrt klarmachte, kniete Katharina auf dem Boden nieder und betete und zeichnete mit ihrer Hand ein großes Kreuz über das Schiff; ihre Augen standen voller Tränen« (Raimund 154f). Für Katharina bedeutete diese Gesandtschaft Raimunds ein schweres Opfer. In dieser schwierigen Situation mußte sie ihren Freund und Beichtvater entbehren, den Menschen, der sie am besten verstand und der ihr helfend zur Seite stand. Als Raimund von Genua aus seine Reise über Land fortsetzte, kam er nicht über Ventimiglia hinaus. Man warnte ihn vor der tödlichen Gefahr der Weiterreise in das gegnerische Gebiet. Raimund kehrte nach Genua zurück, während Giacomo Ceva seinen Weg fortsetzte. Dieser fiel bald in die Hände des Grafen von Genf, eines Bruders des Gegenpapstes. Man hielt den Gesandten

Urbans einige Jahre gefangen und ließ ihn erst frei, als er zu Clemens VII. übergewechselt war.

Urban VI. befahl Raimund, in Genua zu bleiben und dort gegen die Schismatiker zu predigen. Raimund erhielt auch einen Brief Katharinas. Sie war aber nicht erfreut, daß er heil nach Genua zurückgekehrt war, sondern machte ihm schwere Vorwürfe: »Gott wollte Euch Eure Unvollkommenheit erkennen lassen, indem er Euch zeigte, daß Ihr noch ein Milch-Bübchen seid und noch kein Mann, der sich von Brot ernährt … Ihr wart noch nicht würdig, auf dem Kampfplatz zu stehen … Wie glücklich wäre Eure und meine Seele gewesen, wenn Ihr mit Eurem Blut einen Stein in der heiligen Kirche errichtet hättet« (Lettere 5,97f). Raimund nahm den Brief demütig auf und versuchte, ihr die Gefahren zu erklären. Sie antwortete ihm darauf: »Aus Eurem Brief scheint mir hervorzugehen …, daß Euch eine viel größere Last auferlegt wurde, als Ihr tragen könnt …, daß ich Euch messe nach meinem Maß. Und deshalb wart Ihr

Siena – Fontebranda und S. Domenico

in Zweifel, ob meine Zuneigung und Liebe zu Euch geringer geworden wäre... Aber ich liebe Euch mit derselben Liebe, mit der ich mich liebe.« Nachdem sie nochmals betonte, daß ihre Liebe zu ihm nicht nachgelassen habe, warf sie ihm seinen fehlenden Glauben und den Mangel an Vertrauen auf Gott vor: »Wenn Ihr getreu gewesen wäret..., wäret Ihr gegangen und hättet das getan, was Ihr hättet tun können. Und wenn Ihr nicht aufrecht hättet gehen können, wäret Ihr auf allen Vieren gekrochen. Und wenn Ihr nicht als Ordensmann hättet reisen können, wäret Ihr als Pilger gegangen. Wenn Ihr kein Geld gehabt hättet, wäret Ihr bettelnd gegangen. Dieser treue Gehorsam hätte vor Gott und in den Herzen der Menschen mehr bewirkt, als alle menschliche Vorsicht tun könnte« (Lettere 5,150f). Am Ende des achtseitigen Briefes bat sie ihn um Verzeihung, wenn sie ihm nicht die nötige Ehrfurcht erwiesen habe. »Die Liebe möge mich entschuldigen.«

Katharina harrte in Rom aus und mühte sich um die Einheit der Kirche durch ihr Gebet und die Briefe, die sie an einflußreiche und regierende Männer und Frauen schrieb.

Sie hatte dem Papst den Vorschlag unterbreitet, Einsiedler und Mystiker nach Rom kommen zu lassen, um einen Kreis von geistlichen Ratgebern zu bilden. Am 13. Dezember 1378 erließ Urban eine Bulle, der Katharina Briefe an die einzelnen Personen hinzufügte. Aber nur einer der Mystiker folgte dieser Einladung. Es kamen aber eine Reihe von Ordensleuten auf die Aufforderung des Papstes hin nach Rom. Katharina nahm sie alle in ihr Haus auf, wo sie schon acht Frauen und sechzehn Männer der »famiglia« bei sich hatte, so daß bis zu 40 Personen dort lebten. Sie führten ein geistliches Leben nach der Anweisung Katharinas. Der Unterhalt mußte erbettelt werden. Mit ihren Briefen und mit ihrem Kreis von Betern leistete Katharina Urban VI. unschätzbare Dienste.

»Ich sterbe für die Kirche.« Katharinas Tod

Wie fast alle Stationen ihres Lebens sind uns auch Katharinas letzte Wochen in Rom in zwei ihrer eigenen Briefe und durch Zeugenberichte dokumentiert. Seit den ersten Januartagen 1380 konnte sie keinen Bissen Nahrung und selbst kein klares Wasser mehr schlucken. Brennender Durst und Entzündungen im Mund- und Rachenraum waren die Folgen.

Die Verhärtung des Schismas, gegen den Papst gerichtete Aufstände in Rom, das ständige enge Zusammenleben mit etwa 30 Mitgliedern der »famiglia«, die Beanspruchung durch zahlreiche Hilfe- und Ratsuchende und die vielen langen Ekstasen erschöpften Katharina mehr und mehr.

»Sie bestand nur noch aus Haut und Knochen, ihr Leib glich einem Leichnam, von dem alles Leben gewichen zu sein schien. Trotzdem ging sie umher, betete und mühte sich mit vielen Arbeiten ab, so daß man fast glaubte, keinen Menschen mehr aus Fleisch und Blut, sondern einem Gespenst zu begegnen. Die grausamen Qualen peinigten sie, statt abzunehmen, wurden sie stets ärger und verzehrten sichtbar den letzten Funken ihrer Kraft«, schildert Raimund (159).

Barduccio dei Canigiani, der sich Katharina während ihres Aufenthaltes in Florenz angeschlossen hatte und Augenzeuge ihres langen Sterbens war, hat darüber einen langen Brief an die mit Katharina befreundete Schwester Caterina di Pietroboni in Florenz geschrieben. Darin berichtet er, daß Katharina am Sonntag Sexagesima, das war der 29. Januar, »einen so schlimmen Anfall erlitt, daß sie sich von ihm nie mehr erholen sollte« (zitiert nach Raimund 162). Mit diesem »Anfall« ist wohl der Zusammenbruch bei einer Vision gemeint, von der Tommaso da Siena im Prozeß von Castello erzählt (103). Während ihres täglichen Aufenthaltes im Petersdom betete Katharina immer auch vor dem Mosaik von Giotto »la Navicella«, das die Kirche als Schiff darstellt. An jenem Sonntag erlebte sie visionär, wie ihr das Schiff, die Kirche, auf die Schultern gelegt wurde. Unter diesem Gewicht brach sie zusammen, und die übergroße Last zerdrückte sie langsam. Dieses innere Erleben zeigt in seiner Gewaltsamkeit, daß Katharina nun mit letzter Konsequenz Verantwortung für den katastrophalen

Zustand der Kirche übernahm und bereit war, ihr Leben bis in den Tod hinzugeben. Sie konnte Kirche nie anders sehen denn als mystischen Leib Christi. Machthunger, Genußsucht, Trägheit und Feigheit des Klerus hatten diesen Leib zerrissen. Und doch war der Kirche die Vermittlung der Erlösung anvertraut. »Weißt Du nicht, daß die Kirche das Blut Christi enthält?« fragt sie in der Zeit des Kampfes zwischen Florenz und Rom den Florentiner Soderini. »Die Kirche ist nichts anderes als Christus selbst. Sie erteilt uns die Sakramente, die uns Leben spenden, kraft jenes Lebens, das sie vom Blute Christi empfing ... Wie könnten wir also vermessen genug sein, dies Blut gering zu schätzen?« (zitiert nach Kolb 91). »Blut« ist ein Schlüsselwort in Katharinas Mystik. In einer blutigen Zeit, in der Familienfehden, Plünderungen, Hinrichtungen und Seuchen zum Alltag gehörten, fand sie das Heilmittel: das aus Liebe vergossene Blut Christi.

Im »Dialog« fragt Katharina, warum Jesu Herz nach seinem Tod am Kreuz noch durchstoßen wurde, und erhält die Erklärung, daß das zeitlich begrenzte, körperliche Leiden Jesu, das mit dem Tode endete, nicht Ausdruck genug gewesen sei, die überfließende, unendliche Liebe Gottes zu zeigen. Gott erklärt ihr: »Somit konnte Ich durch dieses endliche Geschehen nicht all Meine Liebe zu euch offenbaren, denn sie war ja unendlich. Darum wollte Ich, daß ihr das Geheimnis des Herzens sehen solltet, indem Ich es euch geöffnet darbot; hier sollte euch klar werden, daß Meine Liebe größer war, als was Ich euch durch Mein endliches Leiden zeigen konnte« (Dialog 92). Konkreter, drastischer als im vergossenen Blut konnte Gottes Liebe nicht sichtbar werden, um vom Menschen erkannt und angenommen zu werden. »O glorreiches Blut, das Leben spendet, das Unsichtbare sichtbar macht. Du hast uns die göttliche Barmherzigkeit gezeigt«, schreibt Katharina in einem Brief an den Generalprior der Kartäuser, Don Guglielmo (zitiert nach Gnädinger 79).

Das Erbarmen Gottes ist so überfließend wie das sich verströmende Blut aus der Seite Christi. Gott hat ihr versichert: »Meine Barmherzigkeit, die euch das Blut vermittelt, ist ganz unvergleichlich größer als jede Sünde, die in der Welt begangen wird« (Dialog 174). Darum litt Katharina sehr darunter, daß die Menschen dieses Gnadengeschenk, wenn überhaupt, nur flüchtig beachteten und die angebotene Hilfe nicht nutzten. Jederzeit darf der Gläubige Gottes Erbarmen erwarten, ja, er soll seiner barmherzigen Liebe ständig eingedenk sein, sich daran klammern und sofort zu ihr zurückkehren, wenn er sich davon getrennt hatte. Die erlösende Liebe, die Katharina im Blut Christi erkannte, ist immer zugänglich. Jeder Brief, gleich an welchen Empfänger, beginnt mit dieser oder einer ähnlichen Formel: »Ich schreibe Euch in seinem kostbaren Blut, mit dem Wunsche, Euch untergetaucht zu sehen im Blute des Gottessohnes.« Der Betende soll eintauchen in die Liebe Gottes, die sich im Kreuzesgeschehen offenbart, denn »wo er das Blut findet, dort sieht er das Feuer der göttlichen Liebe ..., weil es aus Liebe zu uns vergossen und uns geschenkt wurde« (Brief an Don Guglielmo, zitiert nach Gnädinger 77). Und das »Feuer der göttlichen Liebe«, der Heilige Geist, wirkt dann im Menschen, erfüllt ihn mit seiner Kraft und bewegt ihn zur Gegenliebe.

Bedenkt man diese umfassende, starke Bedeutung, die das Blut Christi für Katharina hatte, werden auch die Passagen in ihren Briefen, in denen sie geradezu hymnisch das Blut preist, verständlich: »Tauchet also unter im Blute des gekreuzigten Christus, und badet Euch im Blute, und berauscht Euch am Blute, und sättigt euch am Blute, und kleidet Euch mit dem Blute. Und waret Ihr untreu, taufet Euch wieder im Blute; verdunkelt Euch der Dämon das Auge des

Isaia da Pisa, Sarkophag der Heiligen (Rom, S. Maria sopra Minerva)

Geistes, wascht Euch das Auge mit dem Blute; wäret Ihr in Undankbarkeit gefallen und durch Unkenntnis der empfangenen Gaben, so seid dankbar im Blute …« (Brief an Raimund von Capua, zitiert nach Gnädinger 216). »Blut« bedeutete für Katharina die ganze Dynamik des Heilsgeschehens; die sich über die kranke Welt ergießende Liebe Gottes und das Mitgerissenwerden des im Blut Christi versöhnten und geheilten Menschen, der seinerseits nun das empfangene Heil an den Nächsten weitergeben möchte.

Wenn aber die in der Kirche Berufenen den Vermittlungsauftrag nicht erfüllen, weil sie zu sehr mit sich selber beschäftigt und untereinander zerstritten sind, wird der »Heilskreislauf« unterbrochen und den Menschen wird der Zugang zum Heil erschwert.

Katharina identifizierte sich so sehr mit der Kirche, daß sie deren Versagen sich selber zuschrieb und sich deswegen anklagte: »Hätte der Brand göttlicher Liebe meine Seele völlig ergriffen, und flehte ich meinen Schöpfer aus glühender Liebe an, so müßte er doch … an allen Menschen Erbarmen üben und den Feuersturm, der in mir loderte, auf sie alle überspringen lassen! Was steht denn einem solchen Glück im Weg? Kann das etwas anderes sein als meine Sünden? Denn ein Mangel kann doch nicht vom Schöpfer herrühren: in ihm ist kein Mangel! Er stammt also aus mir« (zitiert nach Raimund 34).

Mitte Februar schrieb Katharina einen Brief an Raimund, in dem sie ausführlich von ihrem Beten und Leiden für die Kirche spricht. Sie erfuhr, daß das Kämpfen und Ringen in der Kirche und auch der in Rom immer wieder aufflackernde Widerstand gegen das herrische und jähzornige Gebaren des Papstes sich auf sie übertrug und an ihrem Körper ausgetragen wurde. »Ich leide gewiß in meinem Körper, aber das ist kein natürliches Leiden. Es scheint, Gott habe es den Dämonen anheimgestellt, mich zu quälen, wie es ihnen gefällt« (zitiert nach Raimund 163). Sie berichtet von den großen Angstzuständen und von einem Todeserlebnis, das aber keinen Vorgeschmack des Himmels bedeutete, wie der mystische Tod 1370, sondern sie in dunkle Ohnmacht stieß. Als sie danach wieder zu Bewußtsein kam, »blieb ein solcher Schmerz in meinem Herzen, daß ich ihn noch fühle. Jede Freude, jede Erleichterung war mir da verwehrt« (zitiert nach Gnädinger 236).

Katharina wurde auferlegt, ihr ganzes Beten und Verlangen ausschließlich für die Kirche einzusetzen und täglich eine Frühmesse zu besuchen, was für sie aufgrund ihrer körperlichen Verfassung eigentlich gar nicht durchführbar war. So gesteht sie Raimund auch: »Ihr wißt, daß das für mich ein Ding der Unmöglichkeit ist; doch dem Gehorsam gegen ihn wird alles möglich« (ebd. 236f). Nach der Frühmesse schleppte sie sich, begleitet und gestützt durch ihre Freunde, von ihrem Quartier in der Via di Papa, heute Via S. Chiara, die etwa zwei Kilometer bis zum Petersdom. »Zur Zeit der Terz, wenn ich mich von der Messe erhebe, sähet Ihr eine Tote nach San Pietro gehen; dort beginne ich erneut im Schiff der heiligen Kirche zu arbeiten. Dabei verbleibe ich bis zur Stunde der Vesper.« Katharina spürte, daß sie ein ganz auf ihre besondere Sendung bezogenes Martyrium durchstehen sollte. »Auf diese und vielerlei andere Weise … zehrt und löst sich mein Leben auf in dieser liebsten Braut; ich auf diese Art, die glorwürdigen Märtyrer durch ihr Blut« (ebd. 237). Sie fühlte den Tod nahen: »Mein Körper verharrt ohne Speise, sogar ohne einen Schluck Wasser …, so daß mein Leben an einem Haar hängt« (ebd. 237); und sie machte in dem Brief testamentarische Verfügungen. Ihr Buch, den »Dialog«, und die letzten Briefe übergab sie Raimund, der dieses geistliche Vermächtnis gemeinsam mit einigen Mitbrüdern verwalten sollte. Auch setzte sie ihn als »Leiter, Schützer und Vater« der »famiglia« ein (ebd. 239). Nach persönlichen geistlichen Ermahnungen bat sie Raimund um Verzeihung für alle Verfehlungen und um seinen Segen. Abschließend flehte sie, daß er sich rastlos für die Kirche einsetzen solle, »denn sie hat es nötig wie noch nie« (ebd. 240).

Neben diesem Brief an Raimund existiert noch ein Brieffragment, das man für ihr letztes Schreiben hält. Es ist nicht klar, ob dieser Brief an Urban VI. oder an Raimund gerichtet war. Der Brief setzt das Thema des vorhergehenden, Leiden und Sterben für die Kirche, fort. Katharina schildert eine Schau, bei der Gott sie in sein Herz blicken läßt. Dort erkennt sie die Notwendigkeit der Kirche, weil »niemand in den Abgrund der Dreieinigkeit zurückkehren kann …, außer durch die Vermittlung jener liebreichen Braut, da alle durch die Tür des gekreuzigten Christus eingehen müssen und diese Tür sich nirgendswo anders befindet als in der heiligen Kirche« (zitiert nach Gnädinger 242). Darum ist der desolate Zustand des Klerus so schmerzlich. In der Schau klagt Gott, »daß ich keinen finde, der ihr (der Kirche) diente. Ja, es scheint, alle hätten sie verlassen. Aber ich werde Abhilfe schaffen« (ebd. 242). Und er gibt Katharina die Zusicherung, daß eine erneuerte Kirche entstehen wird. »Dieser Braut wird es ergehen, wie es der Seele geschieht: zuerst ergreift sie Furcht, doch einmal der Laster entledigt, erfüllt sie die Liebe und umkleidet sie mit Tugendkraft« (ebd. 243). Als die Heilige daraufhin bestürzt fragte, was sie denn für die Kirche tun könne, erhielt sie die Antwort: »Daß du erneut dein Leben aufopferst. Und gönne dir selbst niemals Ruhe. Für diese Aufgabe habe ich dich bestimmt, dich und all jene, die dir folgen und noch folgen werden« (ebd. 242f).

Wieder geriet sie in einen Todeszustand, »als ob Gedächtnis, Verstand und Wille nichts mehr mit meinem Körper zu tun hätten«, und in einer Rückschau wurden ihr alle Gnaden, die sie in ihrem Leben empfangen hatte, gegenwärtig, ehe sie endgültig ihr Leben für die Kirche anbot: »Ich spannte mich nur noch auf das hin, was sich machen ließ, daß ich mich aufopferte für Gott und die heilige Kirche und um die Unwissenheit und Nachlässigkeit von denen zu nehmen, die Gott mir in die Hände gegeben hatte« (ebd. 244). Und sie schenkte Gott ihr Herz, das, wie die Vision vom Herzenstausch besagt, durch die Gnade ganz in das Herz Christi umgewandelt worden war: »O ewiger Gott! Nimm das Opfer meines Lebens in diesem mystischen Leib der heiligen Kirche. Ich kann nichts anderes geben, als was du mir geschenkt hast. Nimm denn mein Herz und drücke es auf das Antlitz jener Braut.« Und Gott nahm sie beim Wort: »Da wandte der ewige Gott das Auge seiner Güte zu mir und riß mir das Herz aus und drückte es in die heilige Kirche« (ebd. 245). Dieses Lebensopfer war Zusammenfassung und Essenz dessen, was Katharina zeitlebens gelebt hat. Ob sie betete, ihre Familie bei Tisch bediente, Pestkranke pflegte, Briefe diktierte, Frieden vermittelte oder geistlichen Beistand schenkte, alles hatte sie mit liebendem Herzen getan, hinter allem stand immer die ganze Hingabe.

Am dritten Fastensonntag (26.2.1380) brach die Heilige endgültig zusammen; selbst den Kopf konnte sie nicht mehr heben. Bartolomeo Dominici, der am 24. März aus Siena nach Rom kam, gab im Prozeß an: »Ich fand sie auf Brettern liegend.« Und als er sich erkundigte, wie es ihr ergehe, konnte sie nur mit Mühe sprechen. »Ich war genötigt, mein Ohr dicht an ihren Mund zu legen, um ihre Antwort, daß dank der Gnade des Erlösers alles sehr gut gehe, zu verstehen« (zitiert nach Drane 551). Liebe und große Dankbarkeit gegen Gott blieb selbst in diesen so qualvollen Tagen Katharinas innerste Haltung. So schildert auch Barduccio in seinem Brief: »Soll ich mit meinen Worten versuchen, die Geduld zu schildern, mit der sie das alles ertrug? … Nur so viel sei gesagt: jedes neue Leiden hat sie begrüßt … und sagte: Ich danke dir, mein Gemahl, in Ewigkeit, daß du mir jeden Tag so viele und so große Gnaden erweisest!« (zitiert nach Raimund 163).

Anfang April kam der Lieblingsjünger Stefano Maconi nach Rom an das Sterbelager. Außer Raimund von Capua, Neri di Landoccio und Bartolomeo Dominici, der wieder nach Siena hatte zurückkehren müssen, waren alle Vertrauten um sie. In den Zeugenaussagen wird berichtet, daß Katharina ununterbrochen betete, dazwischen einem Mitglied der »famiglia« eine persönliche Mahnung oder Anweisung für den weiteren Lebensweg zuflüsterte und alle

Anwesenden immer wieder um Verzeihung für ihre Nachlässigkeiten bat, die sie sich, wie sie meinte, in der Begleitung der ihr Anvertrauten hatte zu Schulden kommen lassen. In langen Fürbittgebeten empfahl sie ihre Freunde, die Kirche und den Papst der Barmherzigkeit Gottes. »Dergestalt verzehrte sich ihre Lebenskraft, als der Sonntag vor Himmelfahrt herannahte«, heißt es in Barduccios Brief weiter. »Es war so weit mit ihr gekommen, daß sie aussah, wie man auf Bildern einen Leichnam malt; das gilt zwar nicht von ihrem Gesicht, das etwas von dem Antlitz eines Engels bewahrte« (zitiert nach Raimund 163).

An diesem Sonntag vor Himmelfahrt, dem 29. April, begann in den frühen Morgenstunden der Todeskampf. Durch Gesten hatte Katharina um Absolution und Letzte Ölung gebeten, die ihr der Abt von St. Antimo, Giovanni di Ser Gano d'Orvieto, spendete. Sie fiel in tiefe Bewußtlosigkeit und wurde sehr unruhig, so daß die Umstehenden vermuteten, daß sich in ihr heftige Kämpfe abspielten. Viele Male stieß sie hervor: »Ich habe gegen den Herrn gesündigt, erbarme dich meiner.« Und: »Heiliger Gott, hab Erbarmen mit mir!« und bewegte dabei die Arme. Nach Stunden »wandelte sich jäh ihr Gesicht«, berichtet Barduccio, »Schatten und Düsternis wichen, und himmlische Freude breitete sich darüber aus. Die Augen, noch vor einem Augenblick gequält und wie erloschen, belebten sich und begannen hell und froh zu strahlen. Man sah, sie war einem unheimlichen Meer entronnen« (ebd. 164).

Katharina wurde aufgerichtet und, an ihre liebste Mitschwester Alessia gelehnt, konnte sie nun auf eine Tafel schauen, an der ein Kruzifix, Reliquien und Heiligenbilder befestigt waren. Sie betete hörbar, klagte sich immer wieder an, zu träge und nachlässig gewesen zu sein, sagte den Umstehenden ein Wort und erbat den Segen ihrer Mutter Lapa.

Die letzten Minuten schildert Barduccio so: »Als das Ende nahte, betete sie besonders für die heilige Kirche, für die sie ihr Leben hingebe ... Sie schlug ein Kreuz und segnete alle ... Fortwährend verharrte sie im Gebet und sagte: Herr, du rufst mich, und ich komme zu dir, ich komme nicht, weil ich es verdiene, sondern allein, weil du dich meiner erbarmst. Ich bitte dich: hab Erbarmen mit mir um des Blutes willen! Und zuletzt rief sie wiederholt: Blut! Blut! Dann sagte sie wie der Erlöser sanft: Vater, in deine Hände befehle ich meine Seele und meinen Geist (Lk 23,40) ... Sie starb etwa um die Stunde der Sext« (ebd. 167f).

Heiligsprechung und Verehrung

Nach Katharinas Tod blieben ihre Anhänger noch zwei Tage betend um ihren Leichnam versammelt. Trotz aller Trauer spürten sie, daß die geistige Strahlkraft der Heiligen ungebrochen war. Das drückte sich auch am Körper der Toten aus, der zunächst kein Anzeichen von Leichenstarre und Verwesung zeigte. »Er war rein, unversehrt und duftete«, berichtet Barduccio. »Wir konnten Arme, Hals und Beine beugen, als ob der Leib noch beseelt gewesen wäre« (zitiert nach Raimund 168). Katharina wurde dann in der Dominikanerkirche Santa Maria sopra Minerva aufgebahrt. Die Nachricht von ihrem Tode breitete sich wie ein Lauffeuer in Rom und darüber hinaus aus, und Tausende drängten in die Kirche, um von ihr Abschied zu nehmen und zu beten. Viele wollten den Körper berühren oder Stoffetzen aus dem Habit reißen, so daß der Leichnam bewacht werden mußte. Das von Urban VI. angeordnete feierliche Begräbnis drohte durch die nicht zu beruhigenden, drängenden Menschenmassen auszuarten. Die Menschen klagten und riefen so laut, daß der Prediger Giovanni Tantucci seine Ansprache schließlich abbrechen mußte: »Ich hatte eigentlich vor, einiges zu Ehren dieser heiligen Frau zu sagen. Doch jeder wird einsehen, daß sie unsere lobenden Worte nicht mehr nötig hat. Der ewige Bräutigam persönlich huldigt ihr nun auf seine Art« (zitiert nach van Doornik 230).

Katharina wurde auf dem damals zur Dominikanerkirche gehörenden kleinen Friedhof beerdigt. Der Grabstein dieser ersten Grabstätte ist noch erhalten und wird in der Sakristei der Kirche aufbewahrt.

Raimund von Capua war im Mai 1380 Ordensmeister des Predigerordens geworden. Er veranlaßte, daß die sterblichen Überreste in die Kirche umgebettet wurden. Heute befindet sich Katharinas Grabstätte unter dem Hochaltar. Unmittelbar nach der Beerdigung setzte nicht nur in Rom und Siena, sondern auch an anderen Orten Italiens eine große Verehrung für die Heilige ein, und bald kursierten unzählige Wunderberichte über Heilungen, die durch die Anrufung Katharinas geschehen waren. Barduccio beschließt seinen Brief so auch mit den Bemerkungen: »Die Gläubigen besuchen andächtig ihr Grab, wie man die Grabstätten der anderen Heiligen aufsucht … und Gott erweist im Namen seiner gesegneten Braut freigebig Gnaden. Ich zweifle nicht daran, daß wir noch Bedeutenderes hören werden« (zitiert nach Raimund 168).

Katharinas Heimatstadt Siena hatte seit ihrem Tod darauf gedrängt, eine besondere Reliquie ihrer Heiligen in den eigenen Mauern bewahren zu können. Im Herbst 1385 wurde deshalb das Haupt nach Siena überführt. Dieses Ereignis wurde als großes Fest gefeiert. In einer prunkvollen Prozession trug Raimund am 5. Oktober die Reliquie durch die ganze Stadt zur Dominikanerkirche San Domenico. Den Zug begleiteten nicht nur die Ordensleute, Bruderschaften und Domherren, sondern auch Abordnungen der Stadtviertel und Zünfte, des Adels und des Magistrats. Auch Bischöfe und Mitglieder der »famiglia« nahmen an der Prozession teil. Besondere Beachtung fanden an diesem Tag Katharinas Mitschwestern, die Mantellatinnen, denn unter ihnen folgte die alte Mutter Lapa dem Zug. Im Zusammenhang mit der Überführung des Hauptes wird Monna Lapa zum letzten Mal in den Dokumenten erwähnt. Ihr Sterbedatum und der Ort der Grabstätte sind unbekannt.

1411 begann unter der Leitung des Bischofs Francesco Bembo in Castello der Prozeß zur Feststellung der Heiligkeit Katharinas. Alle noch lebenden Zeugen waren aufgefordert, persönlich oder schriftlich unter Eid auszusagen, was sie über die Heilige wußten. 1416 wurde der Prozeß von Castello abgeschlossen.

45 Jahre später erfolgte die Heiligsprechung. Papst Pius II., Enea Silvio Piccolomini, stammte selber aus Siena und war deshalb besonders angetan davon, daß er Katharina am 29. Juni 1461 heiligsprechen konnte. In der Kanonisationsbulle werden neben der Schilderung des asketischen Lebens, der Visionen und Ekstasen und der Gnaden, die Katharina durch ihr Gebet für andere erlangen konnte, auch die besonderen, ihr eigenen Merkmale der Heiligkeit geschildert. Zunächst wird die tiefe Einsicht in die Glaubenswahrheiten genannt, die Katharina nicht durch Studium erworben, sondern durch die Gnade empfangen habe: »Ihre Gelehrsamkeit war eine eingegebene, nicht erworbene. Sie war mehr Lehrerin als Schülerin, so daß sie Professoren und selbst Bischöfen großer Kirchen die schwierigsten, die Gottheit betreffenden Fragen mit großer Weisheit beantwortete« (zitiert nach Drane 637).

Auch ihr großer Einsatz für Arme und Kranke und der große Einfluß auf tausende von Menschen, die durch sie bekehrt oder geistlich begleitet wurden, ist kennzeichnend für Katharinas Heiligkeit: »Sie unterstützte die Elenden und Notleidenden, rügte die Sünder und bewegte sie durch die sanftesten Worte zur Buße. Allen aber gab sie freudig Lehren des Heils. Mit scharfem Blick zeigte sie, was zu erstreben, was zu vermeiden sei« (ebd. 637).

Die Gabe, Versöhnung und Frieden zu stiften, ist ein weiteres Merkmal: »Mit dem höchsten Eifer suchte sie, Feinde zu versöhnen. Häufig besänftigte sie den Haß und legte tödliche Feindschaften bei« (ebd. 637). Die Bulle erwähnt auch das große Vertrauen, das die Päpste Gregor XI. und Urban VI. in Katharina setzten, und ihre Rolle als Ratgeberin beider. Schließlich wird die große Verehrung betont, die sich sofort nach ihrem Tod im Volk ausbreitete, weit über den Wirkungsbereich, den sie zu Lebzeiten hatte, hinaus.

Die Heiligsprechung verstärkte das Vertrauen der Gläubigen in die Fürsprache der Heiligen. Katharina von Siena wurde nun auch außerhalb Italiens bekannt, und es kamen »viele von jenseits der Alpen, um das Haus zu verehren, in dem die heilige Katharina geboren wurde und aufwuchs« (Centi 17).

Auf Wunsch der Bewohner der Fontebranda kaufte die Gemeinde 1464 das Geburtshaus und baute die Werkstatt Jacopos (von der Via S. Caterina her zu ebener Erde) zu einer Kapelle um (das untere Oratorium, seit Ende des 16. Jh. Sitz der Contrada dell'Oca). Die Bruderschaft der heiligen Katharina von Siena versammelte sich in der Küche des Hauses und gestaltete sie im 16. Jahrhundert zu einer Kapelle um (das obere Oratorium). Im Garten der Familie Benincasa wurde eine Kirche für das aus Pisa überführte Kruzifix erbaut, vor dem Katharina die Wundmale empfangen hatte. Diese Kirche konnte 1623 eingeweiht werden und wurde später durch einen Portikus mit dem oberen Oratorium verbunden.

Im Stockwerk unterhalb der früheren Küche liegt die Zelle der Heiligen, in der sie ihr »Einsiedlerleben« führte. Diese kleine Kammer ließ man unberührt, als 1874 die ganze Etage zu einer vierten Kapelle umgebaut wurde. 1896 malte A. Franchi Fresken an die Wände. Auch die anderen Kapellen sind mit Werken der Meister verschiedener Epochen ausgestaltet, die das Leben Katharinas darstellen.

Neben dieser Wallfahrtsstätte hält auch die Kirche San Domenico, die auch »Basilica cateriniana« genannt wird, in Siena das Andenken der Kirchenlehrerin lebendig.

In Rom wurde 1637 das Sterbezimmer Katharinas in der Via Santa Chiara abgebrochen, in der Dominikanerkirche Santa Maria sopra Minerva hinter der Sakristei wieder aufgebaut und als kleine Kapelle eingerichet. Nachdem entgegen aller Befürchtung das Haus in der Via Santa Chiara nicht abgerissen worden war, konnte auch der Raum, in dem die Heilige gestorben war, zu einer Kapelle umgebaut werden.

Siena – Via Caterina, Wohnhaus der Heiligen

Zu ihrer Bedeutung – einst und jetzt

In den vorausgehenden Kapiteln ist schon manches über die Bedeutung der hl. Katharina gesagt worden. Hier soll noch einiges ergänzt und hervorgehoben werden, was zum Teil wenig bekannt ist.

Man sagt, von den drei großen Zielen ihrer Sendung habe sich nur die Rückkehr des Papstes nach Rom verwirklicht. Zu einem Kreuzzug kam es Gott sei Dank nicht mehr. Aber der damit verbundene Gedanke der Einigung Italiens fiel doch auf fruchtbaren Boden, wenn er auch lange brauchte, um endlich im 19. Jahrhundert Wirklichkeit zu werden. Die Italiener verehren sie als ihre Patronin, weil sie Italien liebte und sich für Frieden und Wohlstand ihres Vaterlandes einsetzte. Eine greifbare Reform der Kirche, d.h. die schlechten Hirten zu entfernen und gute an ihre Stelle zu setzen in der Leitung der Diözesen und in anderen kirchlichen Ämtern, konnte wegen des Schismas nicht verwirklicht werden. Aber dennoch verhallte ihr Ruf nach Rückkehr zum ursprünglichen Geist des Evangeliums nicht ungehört, wie viele Beispiele zeigen. Vor allem hat sie einen großen Einfluß ausgeübt auf die Reform der Orden im 14./15. Jahrhundert. Der Geist der Erneuerung des kirchlichen Lebens setzte sich viel später erst durch, einmal durch diejenigen, die ihr begegnet sind und die sie durch ihre Anziehungskraft für ihre Ideen gewinnen konnte, aber auch durch diejenigen, die die Heilige nur vom Hörensagen kannten und dennoch von ihr fasziniert waren, wie z.B. der hl. Antonin Pierozzi. Von Giovanni Dominici für den Orden gewonnen, leitete er ab 1435 die Reformbewegung in Italien und wurde dann Erzbischof von Florenz (1446–1459).

Der Prozeß von Castello (1411–1416) gibt zu erkennen, daß Katharina einen unermeßlichen Einfluß auf die Reform des Ordenslebens ausgeübt hat. Verschiedene Ursachen führten im 14. Jahrhundert zu einem Zerfall der klösterlichen Observanzen. So wirkte sich z.B. die große Pest von 1348 verheerend aus. Die Bettelorden, die sich der Pestkranken angenommen und besonders hohe Verluste erlitten hatten, suchten die leergewordenen Klöster schnell wieder aufzufüllen. Sie nahmen Kandidaten auf, die ungeeignet oder noch zu jung waren, um die strengen Regeln zu befolgen. Besonders die Besitzlosigkeit und die

Klausur wurden nicht mehr beachtet; das Schweigen wurde nicht mehr gehalten sowie Studium und Gebet vernachlässigt. Katharina sah die Notwendigkeit einer Reform und ermahnte die Ordensleute zum Gehorsam gegenüber ihren Satzungen, die Predigerbrüder noch besonders zum Studium und zur Verkündigung der Wahrheit. »Von ihr ging die Idee der Reform aus« (Axters 1440). Ihre Schüler und Anhänger in den verschiedenen Orden und Klöstern setzten diese Idee um. Katharina selbst hatte einige Ordensleute bekehrt, wie schon berichtet wurde, und an viele hatte sie Briefe geschrieben. In Belcaro hatte sie selbst ein Reformkloster gegründet.

Als Raimund von Capua Pfingsten 1380 zum Ordensmeister der urbantreuen Predigerbrüder gewählt wurde, schrieb er einen Brief an seine Mitbrüder, in dem er zur Treue zum römischen Papst aufforderte und eine Reform des Ordenslebens ankündigte. Er sah es als eine seiner wichtigsten Aufgaben an, im Geist seiner »geistlichen Mutter« für eine Erneuerung des Predigerordens zu arbeiten. Bei seinen Visitationsreisen traf er viele Mitbrüder, die in einem Observanz-Konvent zu leben wünschten, wo die Satzungen des hl. Dominikus befolgt wurden. Das Generalkapitel 1388 in Wien, das Fra Bartolomeo Dominici in Vertretung Raimunds leitete, beschloß auf Antrag Konrads von Preußen, mit der Reform zu beginnen. Im Februar / März 1389 – neun Jahre nach dem Tod der hl. Katharina von Siena – errichtete Konrad von Preußen den ersten Reformkonvent in Colmar, der damals zur deutschen Provinz Teutonia gehörte. Zwei Schwesternklöster schlossen sich dieser Reform an. Im darauffolgenden Jahr begann der selige Giovanni Dominici, der in engem Kontakt mit dem ersten Schwesternkloster in Pisa stand, mit der Einführung der Reform im Konvent St. Dominikus von Castello (Venedig). Von Katharina in jungen Jahren begeistert, wurde er der wichtigste Mitarbeiter Raimunds bei der Reform in Italien. Er reformierte und gründete mehrere Konvente, u.a. auch Fiesole, wo der Maler Fra Angelico eintrat. 1408 wurde Dominici zum Kardinal kreiert. An der Beendigung des Schismas auf dem Konstanzer Konzil hatte er einen großen Anteil. Dieses Konzil befaßte sich auch ausführlich mit der Reform der Kirche im Sinne einer Wiederherstellung der alten Ordnungen. Nach dem Konzil wurde Giovanni Dominici von Papst Martin V. als Legat nach Böhmen und Ungarn entsandt. Er starb am 10. 6. 1419 in Budapest. Außer ihm waren noch einige »Jünger« Katharinas bei der Reform in Italien beteiligt wie Tommaso da Siena, Bartolomeo Dominici, Matteo dei Tolomei und Simone da Cortona.

Raimund von Capua kümmerte sich sehr um die Reform in Deutschland, wo er sich die letzten drei Jahre seines Lebens aufhielt. Am 5. Oktober 1399 starb er im Konvent zu Nürnberg, den er reformiert hatte. Katharinas Bedeutung für die Erneuerung des Dominikanerordens wurde so hoch eingeschätzt, daß man sie gleichsam als die Mutter oder zweite Gründerin des Ordens bezeichnete. Katharina übte auch Einfluß auf andere Orden aus, wie die der Franziskaner, Benediktiner, Vallombrosaner, Kartäuser, Augustiner und Olivetaner.

Nach ihrer Heiligsprechung 1461 wurde Katharina Vorbild für viele Frauen im Dominikanerorden wie die hl. Caterina dei Ricci (+1590), die hl. Rosa von Lima (+1617), die selige Agnes von Langeac (+1634). Neben den kontemplativen Dominikanerinnen entstanden Konvente und Kongregationen von Schwestern, die sich nach dem Vorbild der hl. Mantellatin den Werken der Nächstenliebe, dem Schuldienst und der Mission widmeten und widmen. Über 30 Kongregationen nennen sich ausdrücklich »Dominikanerinnen von der hl. Katharina von Siena«, in Deutschland die von Arenberg (Koblenz), Schlehdorf/Obb. und Neustadt/Main.

Viele Predigerbrüder haben sich im Studium mit der Kirchenlehrerin befaßt und sich von Katharinas Lehre in ihren Werken zur Spiritualität leiten lassen, wie z.B. Battista da Crema (+1534), Ludwig von Granada (+1588), J. G. Arintero (+1928) und R. Garrigou – Lagrange (+1964). Die Laien des Dominikanerordens haben die heilige Terziarin als Patronin. Wie Katharina leben sie mitten in der Welt die Nachfolge Christi und arbeiten mit im Apostolat des Ordens.

Die »famiglia« der Heiligen oder die »bella brigata«, wie sie selbst sie nannte, bestand auch nach ihrem Tode weiter. Ihre Anhänger hießen auch »caterinati«. Nach der Heiligsprechung wurde daraus die »Bruderschaft der hl. Katharina«. Der Erzbischof von Siena, M. I. Castellano OP, hat diese alte Bruderschaft mit der Gründung der »Ökumenischen Bewegung der Caterinaten« am 4. Oktober 1970 abgelöst. Diese Vereinigung hat als Ziele: die Verbreitung der Lehre und Verehrung der hl. Katharina, die Mehrung der Liebe zu Christus und zur Kirche, die Wiedervereinigung aller Christen, die Festigung des Friedens und die Freundschaft unter allen Menschen zu fördern (s. Wintgens 210). Um die Caterina-von-Siena-Kapelle in Astenet bei Eupen im deutschsprachigen Belgien bildete sich schnell eine Gruppe der »Caterinaten«. Jean E. Wintgens hat diese Kapelle 1968 erbaut, um den Menschen im deutsch-belgischen Grenzgebiet die hl. Katharina näherzubringen. Inzwischen ist dort ein Zentrum entstanden, wo viele Menschen in ihren Sorgen hinpilgern, um die Fürbitte der Heiligen anzurufen und ihr Dank zu sagen, wie die vielen Ex-voto-Dankestäfelchen zeigen. Die Zahl der Pilger stieg von 5 600 im Jahre 1969 auf 117 500 im Jahre 1984, und sie wächst weiter.

Von den Christen außerhalb der katholischen Kirche, die sich Katharina als Vorbild nahmen, ist besonders der evangelische Mystiker Gerhard Tersteegen (+1769) zu nennen.

Säkularinstitute schätzen Katharina als Vorbild, weil sie mitten in der Welt kontemplativ und apostolisch gelebt hat. Das Säkularinstitut »Caritas Christi« hat sie als Patronin gewählt und ist nach ihrer Spiritualität ausgerichtet.

Von der heiligen Mantellatin geht auch heute noch eine mitreißende Anziehungskraft aus.

Chiara Lubich, die Gründerin der Bewegung Fokolare, hat die bleibende Bedeutung der Gestalt und des Werkes der hl. Katharina von Siena gewürdigt (s. Hirtz 331 – 339). Für sie ist die Kirchenlehrerin »ein Mensch mit der Weite der Kirche«. Denn sie identifizierte sich mit der Kirche. »Auf Grund ihres Kircheseins hat Caterina auch heute uns Christen ihr Wort zu sagen, die wir auf vielfältige Weise und mit all unseren Möglichkeiten daran sind, die zerrissene Christenheit zu verstehen, zu lieben und sie wieder zu einer geeinten Kirche

Siena – Portikus der Gemeinden Italiens mit S. Domenico

zusammenzufügen. Caterina ist ein Geschöpf, in dessen Herz eine solch umfassende Liebe brennt, daß sie der Liebe des Christusherzens ähnelt. Ihre Liebe wird zu einer wahren, heiligen Leidenschaft für die Kirche« (zitiert nach Hirtz 332f). Wenn die Kirche sich heute im Umbruch befindet und sich ändern muß, um auch in der Zukunft ihre Sendung erfüllen zu können, so kann Katharina uns nur ein Vorbild sein, aus welcher Liebe zur Kirche heraus wir an ihrer Umgestaltung mitarbeiten sollen.

Katharina ist eine Mystikerin, die in die »Politik« eingegriffen hat. Sie sah ihre Sendung darin, den Geist des Evangeliums in die Öffentlichkeit hineinzutragen, in alle Bereiche des Lebens. Das war der Auftrag Jesu an seine Jünger, der weitergetragen werden muß. »Wenige Frauen haben wie Katharina von Siena so intensiv und in solch außergewöhnlicher Weise den Auftrag Jesu gelebt: Geht hin und predigt das Evangelium« (Anodal 190). Sie empfand aber die Worte Jesu nicht als Befehl, sondern sie tat es aus einer brennenden Sehnsucht nach dem Heil der Menschen. Katharina war mit der Heiligen Schrift vertraut, wie die häufigen Zitate erkennen lassen. Auch wird deutlich, daß die Grundlage ihrer Spiritualität das Wort Gottes ist. H. Urs von Balthasar bezeichnet Katharina als eine »glaubhaft klingende Stimme, weil sie nichts ist als der Widerhall des biblischen Wortes, gleichsam im Resonanzgefäß des Heiligen Geistes und der kirchlichen Seele, wobei das begrenzte Evangeliumswort als das vernommen wird, was es in Wahrheit ist: als die sich auswortende Tiefe des unendlichen Seins selbst« (Herrlichkeit 446f).

Der vertraute Umgang Katharinas mit dem Wort Gottes und ihr Leben nach dem Evangelium zeigt sich auch in ihrer Mystik. Diese unterscheidet sich von der intellektuellen Mystik Meister Eckharts und ist ganz nahe am Evangelium orientiert, sie ist emotional und auf das Apostolat ausgerichtet. Als »Mystikerin des menschgewordenen Wortes und besonders des gekreuzigten Christus« bezeichnete Papst Paul VI. Katharina bei der Proklamation zur Kirchenlehrerin (676). Er hob die Bedeutung ihrer asketischen und mystischen Lehre für unsere Zeit hervor.

Katharina wird als die »Mystikerin des Apostolates« (Leclercq 130) bezeichnet. Was sie in der mystischen Erfahrung empfängt, will sie an andere weitergeben: die Liebe Gottes. Sie geht zu den Menschen hin, sie schreibt Briefe, sie betet, weint und leidet mit den Menschen wie der hl. Dominikus und gibt Zeugnis von Gottes barmherziger Liebe, wenn sie im »Dialog« Gott sprechen läßt: »Meine Barmherzigkeit ist unvergleichlich größer als alle Sünden, die ein Geschöpf je begehen könnte« (179).

Zeittafel

1347	Katharina in Siena geboren
1348	Pest – Geißlerzüge in ganz Europa
1351	+ Margarete Ebner
1353/54	Erste Vision Gelübde der Jungfräulichkeit
1361	+ Johannes Tauler
1362-70	Urban V.
1362-64	Katharina tritt bei den Bußschwestern des hl. Dominikus ein.
1366	+ Heinrich Seuse
1367	Urban V. kehrt nach Rom zurück.
1366/67	Mystische Vermählung Katharinas
1368	Aufstand Sienas gegen Karl IV. Die »famiglia« beginnt sich zu formieren.
1370	+ Urban V. in Avignon Gregor XI. wird Papst.
1370-72	Beginn der »politischen« Tätigkeit. Briefe
1373	+ Birgitta von Schweden
1374	Raimund von Capua wird Beichtvater Katharinas. Pest in Siena, Katharina pflegt Pestkranke. + Petrarca
1375	Katharina begibt sich nach Pisa und Lucca. 1. April: Stigmatisierung.
1376	18. Juni: Katharina trifft in Avignon ein. 13. September: Gregor XI. verläßt Avignon.

1377	17. Januar: Gregor XI. zieht in Rom ein. Katharina predigt im Contado di Siena. Im Herbst: Beginn der Abfassung des »Dialog«.
1378	Katharina vermittelt im Krieg zwischen Florenz und dem Papst. 27. März: + Gregor XI. 8. April: Wahl Urbans VI. 20. September: Wahl des Gegenpapstes Clemens VII. Ausbruch des abendländischen Schismas. Oktober: Katharina beendet den »Dialog«. 28. November: Sie kommt zur Unterstützung des Papstes nach Rom.
1379	Katharina kämpft für die Anerkennung Urbans.
1380	29. April: + Katharina in Rom 12. Mai: Raimund wird zum Ordensmeister der urbantreuen Dominikaner gewählt.
1384	+ Gert Groote, Begünder der Devotio moderna
1385	5. Oktober: Übertragung des Hauptes Katharinas nach Siena. Raimund beginnt die »Legenda maior«.
1395	Abschluß der »Legenda maior«
1399	5. Oktober: + Raimund von Capua in Nürnberg
1411-16	Prozeß von Castello (Venedig)
1414-18	Konzil von Konstanz Beilegung des abendländischen Schismas
1461	29. Juni: Pius II. (Aeneas Silvius Piccolomini) spricht Katharina von Siena heilig.
1866	8. März: Pius IX. erklärt Katharina zur Mitpatronin Roms.
1939	18. Juni: Pius XII. ernennt Katharina zur Mitpatronin Italiens.
1970	4. Oktober: Paul VI. erhebt Katharina zur Kirchenlehrerin.

Quellen und Literatur

Acta Sanctorum, Aprilis Tomus Tertius, Vita S. Catharinae Senensis, auctore Fr. Raimundo Capuano, Paris/Rom 1866, 861-967.

Anodal, G., Caterina da Siena e Rosa da Lima: Un gemelaggio spirituale tra vecchio e nuovo mondo, in: Rivista di Ascetica e Mistica 18 (1993) 190-205.

Axters, S. G., Frères Prêcheurs en Italie, in: Dictionnaire de Spiritualité, 5. Bd., Paris 1964, 1432-1445.

Balthasar, H. U. v., Umriß der Lehre, in: Dialog XVIII-XXIX.

Balthasar, H. U. v., Caterina von Siena, in: *ders.*, Herrlichkeit. Eine theologische Ästhetik, 3. Bd., 1. Teil: Im Raum der Metaphysik, Einsiedeln 1965, 446 bis 452.

Barth, H. (Hg.), Caterina von Siena. Meditative Gebete, Einsiedeln 1980.

Cartotti Oddasso, A., S. Caterina. Dottore della Chiesa, Rom 1971.

Centi, T. M., Die Kirche des hl. Dominikus und das Haus der hl. Katharina von Siena, Rom 1965.

Ders., Un processo inventato di sana pianta, in: Rassegna di Ascetica e Mistica 21 (1970) 325-342.

Chery, H.-C., Ein brennendes Herz. Lebensbild der heiligen Katharina von Siena, Zürich 1967.

Dialog = Caterina von Siena, Gespräch von Gottes Vorsehung, eingeleitet von Ellen Sommer-von Seckendorff und Hans Urs von Balthasar, Einsiedeln 1964.

Dinzelbacher, P., Das politische Wirken der Mystikerinnen in Kirche und Staat: Hildegard, Birgitta, Katharina, in: *Dinzelbacher, P./ Bauer, D. R.*, Religiöse Frauenbewegung und mystische Frömmigkeit im Mittelalter, Köln 1988, 265-302.

Documenti (Fontes vitae S. Catharinae Senensis historici 1), hg. v. M. H. Laurent, Siena 1936.

Doornik, N. G. M. van, Katharina von Siena. Eine Frau, die in der Kirche nicht schwieg, Freiburg 1980.

Drane, A. T., Die Geschichte der heiligen Katharina von Siena und ihrer Genossen, Dülmen 1884.

Dupré Theseider, E., Epistolario di S. Caterina da Siena, Rom 1940.

Ders., Caterina da Siena, in: Dizionario Biografico degli Italiani, 22. Bd., Rom 1979, 361-379.

D'Urso, G. / Castellano, J., S. Caterina e S. Teresa. Dottori della Chiesa, Neapel 1970 (= Temi di predicazione 84).

D'Urso, G., Il Genio di S. Caterina. Studi sulla sua dottrina e personalità, Rom 1971.

Fawtier, R., Sainte Catherine de Sienne. Essai de critique des sources, 1. Bd.: Sources hagiographiques, Paris 1921; 2. Bd.: Les oeuvres de Sainte Catherine de Sienne, Paris 1930.

Fawtier, R./Canet, L., La double expérience de Catherine Benincasa, Paris 1948.

Ferretti, L., Santa Caterina da Siena, Siena ^{6}1986.

Gerl, H.-B., Mystik und Politik: Caterina von Siena, in: Entschluß 44 (1989) Nr. 9-10, S. 30-34.

Gigli, G. (Hg.), Il Dialogo di S. Caterina da Siena, Rom 1866.

Giordani, I., Caterina da Siena. Fuoco e Sangue, Turin 1967.

Gnädinger, L. (Hg.), Caterina von Siena. Gotteserfahrung und Weg in die Welt, Olten-Freiburg i. Br. 1980.

Hampe, J. C., Sterben ist doch ganz anders. Erfahrungen mit dem eigenen Tod, Stuttgart 1975.

Handbuch der Kirchengeschichte, hg. v. H. Jedin, Bd. III/2, Freiburg 1985.

Hirtz, P., Das Geschöpf der Liebe – Menschsein in der Spiritualität der Caterina von Siena, Trier 1988.

Hoffmann, A. (Hg.), Katharina von Siena. Ausgewählte Texte aus den Schriften einer großen Heiligen, mit einem Essay v. B. Gertz, Düsseldorf 1981.

Huizinga, J., Herbst des Mittelalters, Stuttgart 1975.

Johannes Paul II., Mulieris Dignitatem, in: Amtsblatt des Erzbistums Köln 128 (1988) 189-213.

Käppeli, T. (Hg.), Briefe der hl. Katharina von Siena, Vechta 1931.

Kolb, A. (Hg.), Die Briefe der hl. Caterina von Siena, Berlin 1919.

Koudelka, V. J. (Hg.), Dominikus. Gotteserfahrung und Weg in die Welt, Olten-Freiburg i. Br. 1983.

La Bedoyère, M. D. de, Katharina. Die Heilige von Siena, Olten-Freiburg i. Br. 1953.

Laurien, H.-R., Katharina von Siena – Welt als Widerspruch und Auftrag, Mainz 1980.

Leclercq, J., Die Mystikerin des Apostolats. St. Katharina v. Siena, die römisch-katholische Heilige, Vechta 1929.

Lettere di S. Caterina da Siena, con note di N. Tommaseo, a cura di P. Misciattelli, 6 Bde., Florenz 1940-1952.

Levasti, A., Katharina von Siena, Regensburg 1952.

Lohrum, M., Dominikus, Leipzig [2]1992.

Mennekes, F., Beuys zu Christus. Eine Position im Gespräch, Stuttgart 1989.

Miracoli di Caterina di Jacopo da Siena di anonimo fiorentino (Fontes vitae … 4), hg. v. F. Valli, Siena 1936.

Necrologi di S. Domenico in Camporegio (Fontes vitae … 20), hg. v. M. H. Laurent, Siena 1937.

Nigg, W. / Loose, H. N., Katharina von Siena. Die Lehrerin der Kirche, Freiburg i. Br. 1980.

Papàsogli, G., Sangue e Fuoco. Caterina da Siena, Rom [3]1989.

Pastor, L. v., Geschichte der Päpste seit Ausgang des Mittelalters, 1. Bd., Freiburg i. Br. [7]1925.

Paul VI., S. Catharina, Ecclesiae universalis Doctor declarata, in: Acta Apostolicae Sedis 62 (1970) 673-678.

Perrin, J. M., Catherine de Sienne. Contemplative dans l'action, Saint-Cénéré 1980.

Prozeß von Castello = Il Processo Castellano (Fontes vitae...9), hg. v. M. H. Laurent, Mailand 1942.

Raimondo da Capua, Vita di S. Caterina da Siena, hg. v. G. Tinagli, Siena [5]1982.

Raimund von Capua, Das Leben der hl. Katharina von Siena (Legenda maior), hg. v. A. Schenker, Düsseldorf 1965.

Ree, A. W. van, Raymond de Capoue – éléments biographiques, Archivum Fratrum Praedicatorum 33 (1963) 159-241.

Riesch, H., Die hl. Katharina von Siena, Freiburg [5]1921.

Schneider, R., Begegnung mit der Heiligen aus Siena in Bild und Wort, Abensberg 1979.

Seckendorff, E. v., Die kirchenpolitische Tätigkeit der heiligen Katharina von Siena unter Papst Gregor XI. (1371-1378). Ein Versuch zur Deutung ihrer Briefe, Berlin-Leipzig 1917.

Seidlmayer, M., Die Anfänge des großen abendländischen Schismas, Münster 1940.

Seppelt, F. X ./ Schwaiger, G., Geschichte der Päpste, München 1964.

Strobel, F. (Hg.), Katharina von Siena. Engagiert aus Glauben. Politische Briefe, Einsiedeln 1979.

Sudbrack, J., Mystische Spuren. Auf der Suche nach der christlichen Lebensgestalt, Würzburg 1990.

Supplementum = Thomas Antonii de Senis »Caffarini«, Libellus de Supplemento. Legende prolixe virginis beate Catharine de Senis, hg. v. G. Cavallini / I. Foralosso, Rom 1974.

Taurisano, I., S. Francesco e i Francescani nella vita di S. Caterina, in: Antonianum 2 (1927) 91-134.

Tommaso da Siena, S. Catharinae Senensis legenda minor, a cura di E. Franceschini, Mailand 1942.

Tuchman, B., Der ferne Spiegel. Das dramatische 14. Jahrhundert, München 1982.

Unsere Hoffnung, in: Gemeinsame Synode der Bistümer in der Bundesrepublik Deutschland, Freiburg 1976, 71-111.

Venchi, I., Caterina da Siena, in: Dizionario degli Istituti di Perfezione, 2. Bd., Rom 1975, 702-716.

Wintgens, J. E., Danke Caterina, Astenet 1985.

Fotos

Heinz Eickhoff
Maria Elsen
P. Meinolf Lohrum OP
Leo Meuriße
P. Burkard Runne OP

Inhaltsverzeichnis

Meinolf Lohrum OP

Dominikus

116 Seiten, 16,5 x 23 cm
gebunden
25 Schwarzweißfotos und
80 farbige Abbildungen
ISBN 3-7462-0047-4

Wohl jeder Mensch sucht sich mehr oder weniger bewußt einen lebenden Menschen oder eine große Gestalt der Vergangenheit, an der er sein Leben orientieren kann.

Dominikus war ein liebenswürdiger Mensch, der durch seinen Charme, seine Güte und Freundlichkeit anziehend wirkte. Es war angenehm, ihm zu begegnen, denn jeder hatte das Gefühl, in Liebe angenommen zu sein. Gibt nicht ein Christ, der Freude ausstrahlt und den Mitmenschen mit Liebe begegnet, gerade in unserer Zeit ein glaubwürdiges Zeugnis von der Frohbotschaft des Evangeliums, von der Güte und Menschenfreundlichkeit Gottes?

Bernhard von Clairvaux

Der Weg der Liebe

Aus dem Lateinischen übersetzt
von Bernhardin Schellenberger

296 Seiten, 10,7 x 16,5 cm, Leinen
mit bezogenem Schuber
ISBN 3-7462-0406-2

Gleichsam ein Stufenweg geistlicher Entwicklung wird in den drei Schriften des hl. Bernhard von Clairvaux (1090 – 1153) sichtbar. Es sind: das „Buch von den Stufen der Demut und des Stolzes", die „Predigt über die Bekehrung" und das „Buch über die Gottesliebe".

Teresa von Ávila

Die Botschaft vom Gebet

Weg zur christlichen Vollkommenheit

200 Seiten, 10,7 x 16,5 cm
gebunden
ISBN 3-7462-1214-6

Teresa gibt einen tiefen Einblick in ihr persönliches Ringen um das Gebet. Sie fragt nach dem Wesen des Betens überhaupt, das sie als Hinwendung der Seele zu Gott beschreibt. Dann führt sie in die Gebetsschule ein, in der sie selbst gelernt hat – in das Vaterunser, mit dem Jesus unser eigentlicher Gebetslehrer geworden ist.